Pour Anna

Morgan

Les Douze Travaux d'Hercule

Les Douze Travaux d'Hercule

Prologue

Autrefois, les Grecs vivaient en bonne intelligence avec les dieux immortels. Il n'était pas rare de voir un roi en grande conversation avec l'un d'eux.

Souvent même, les dieux tombaient amoureux des femmes qui vivaient sur Terre. C'est ainsi que naquit Hercule, le héros le plus célébré de toute la Grèce.

Le petit Hercule n'était pas un enfant comme les autres. Dès sa naissance, il étouffa entre ses mains deux énormes serpents qui tentaient de le mordre et l'on vit bien qu'il était le fils de Zeus, le dieu des dieux. Mais qui donc était sa mère ? Héra, la terrible épouse de Zeus ? Non. Sa mère était Alcmène, une mortelle à la beauté remarquable. Trahie, humiliée, Héra conçut une haine féroce contre Hercule et l'en poursuivit toute sa vie. Mais Hercule grandit cependant et sa force devint telle que l'on prit l'habitude de dire : « fort comme Hercule. »

Hélas ! Un jour, frappé par la folie – on dit que c'est Héra qui la lui avait mise dans la tête –, il tua ceux qu'il aimait le plus au monde : sa femme et ses trois fils. Torturé par la douleur, Hercule consulta un oracle qui lui indiqua le moyen de se faire pardonner ce crime :

« Tu te rendras chez Eurysthée, ton cousin, et tu te soumettras à toutes ses exigences. »

C'est là l'origine des douze travaux.

Il faut savoir qu'à cette époque, l'aîné avait tout pouvoir sur les autres membres de sa famille. Or, Eurysthée était né quelques jours avant Hercule à cause d'une ruse d'Héra qui avait retardé l'accouchement d'Alcmène. Ainsi, Hercule était soumis à son cousin à qui il devait obéissance. Mais s'ils étaient de la même famille, tout les séparait : là où Hercule était fier et courageux, Eurysthée était lâche, peureux et méchant. Par sa naissance, et non pas à cause de sa valeur, c'était lui le roi de Mycènes. Aussi, lorsqu'il vit son cousin passer les portes de la ville, et connaissant sa très grande force, Eurysthée prit peur et il profita de l'oracle pour imposer à Hercule douze travaux insurmontables et dangereux, dans l'espoir de le faire périr.

I

Le Lion de Némée

Depuis plusieurs années, la ville de Némée, située à côté de Mycènes, vivait dans la terreur : un lion féroce y dévorait les paysans. L'attaquer à l'aide d'un arc ne servait à rien, car sa peau était si épaisse qu'aucune flèche ne pouvait la transpercer. Aussi Hercule se tailla-t-il une énorme massue dans un olivier avant de se rendre jusqu'à Némée. Arrivé devant l'entrée de la caverne où habitait le lion, Hercule l'appela d'une voix forte.

« Quelle aubaine, pensa le lion, c'est mon dîner qui m'appelle ! »

Il vérifia donc une à une l'état de ses griffes et de ses dents, rugit de plaisir à l'idée du festin qu'il s'apprêtait à faire et bondit hors de la caverne.

Mais c'est un coup terrible qu'il reçut sur la tête à la place d'un repas. Tout autre que lui n'aurait pas survécu à la massue d'Hercule – il sentait son front très meurtri – mais ce lion était si fort qu'il réussit, tout étourdi, à regagner sa retraite.

« Lâche ! Poltron ! Veux-tu sortir de là ! » criait Hercule à l'entrée de la caverne.

« Oui, je vais sortir, pensa le lion, mais par l'autre côté (car sa caverne comportait une sortie secrète). Ainsi me jetterai-je sur toi au moment où tu t'y attendras le moins ! »

Alors il s'enfonça au plus profond de la caverne, silencieusement, comme un chat. Cependant, Hercule, qui connaissait la sortie secrète, avait pris soin de la boucher à l'aide d'un rocher. Plein de fureur, le lion poussa un terrible rugissement.

« Il va voir ce qu'il va voir, ce maudit Hercule ! »

Mais Hercule, qui l'avait suivi, se tenait juste derrière lui.

« Si c'est moi que tu cherches, me voici ! »

Ils n'échangèrent pas d'autres paroles. Toutes griffes dehors, les babines retroussées, laissant voir les longs couteaux de ses dents, le lion sauta sur Hercule qui l'évita en bondissant de côté. Emporté par son élan, le lion se cogna la tête contre un rocher,

à l'endroit même où il avait reçu le coup de massue. Profitant de ce qu'il était à moitié assommé, Hercule le saisit à la gorge. Il serra, serra et serra encore, et si fort qu'il l'étouffa. Lorsque Hercule relâcha son étreinte, la langue du lion était pendante et ses yeux exorbités : il était mort. Hercule le dépouilla, se couvrit de sa peau, qui désormais le rendrait à son tour invincible aux flèches, et apporta la carcasse à son cousin.

Hercule avait beau lui dire : « C'est une carcasse ! Il est mort ! », Eurysthée ne voulut jamais s'en approcher.

« Dorénavant, lui dit-il, tu ne franchiras pas les portes de la ville, mais tu déposeras ton butin au pied de la muraille. »

II

L'Hydre de Lerne

Dans les marais de Lerne, loin au sud de Mycènes, vivait une hydre à neuf têtes qui empoisonnait le bétail de son souffle et dévorait les voyageurs égarés.

« Il faut que tu la tues, dit Eurysthée. Telle est la deuxième épreuve. »

Hercule, qui voulait surprendre l'hydre endormie, s'approcha sans bruit des marécages, mais en vain ; une des neuf têtes ne dormait jamais, si bien qu'en le voyant elle réveilla les huit autres.

Qui, en dehors d'Hercule, aurait pu soutenir un tel combat, d'autant qu'il devait retenir son souffle pour n'être pas empoisonné ? Son épée volait en tous sens, cognant contre les mâchoires de l'hydre, glissant sur ses écailles humides, mais il faut bien admettre qu'il se défendait plus qu'il n'attaquait. Enfin, à force d'adresse, il réussit à couper un des neuf cous de l'hydre. Mais, à la place de la tête tranchée, deux autres têtes se mirent à pousser, plus terribles et plus redoutables encore ! Hercule, qui commençait à se sentir fatigué, cria à son neveu qui l'avait accompagné et se tenait en retrait :

« Iolaos ! Prends une torche et viens à mes côtés ! »

Hercule avait tranché quatre têtes qui, toutes, avaient réapparu. L'hydre en comptait désormais dix-huit ! Mais quand il parvint à lui couper le cou une nouvelle fois, Iolaos cautérisa la cicatrice avec le tison enflammé, si bien qu'aucune tête ne repoussa. L'hydre, furieuse, eut beau hurler de douleur, il ne lui resta bientôt plus qu'une seule tête. Or, celle-ci était réputée immortelle. Hercule la trancha et l'enfouit sous un énorme rocher si lourd qu'elle ne put le soulever. L'hydre avait cessé d'exister.

III

Le Sanglier d'Érymanthe

Pour sa troisième épreuve, Hercule devait se rendre dans la région d'Érymanthe, très loin au nord-ouest de Mycènes, pour y trouver un énorme sanglier et le rapporter à son cousin. Ce n'est pas que ce sanglier fît des dégâts ou dévorât les promeneurs, simplement Eurysthée le voulait pour la seule gloire de posséder un animal fabuleux.

Fier de ses précédents succès, Hercule avança jusqu'à la lisière de la forêt pour appeler une première fois le sanglier. Pas un bruit en réponse ! Hercule toussa pour s'éclaircir la voix, gonfla sa poitrine qui était très large et appela une seconde fois.

Sa voix résonnant sans plus de succès dans l'immensité de la forêt, Hercule décida de changer de ton :

« Peureux, poule mouillée ! cria-t-il. Sors d'ici ! »

Mais, là encore, nulle voix ne se fit entendre en retour.

Très en colère, Hercule pénétra dans la forêt, piétinant tout ce qui se trouvait sur son passage, jusqu'à ce qu'il eût retrouvé le sanglier qui broutait paisiblement. Avec le plus de discrétion possible, il prit une flèche et banda son arc en pensant au formidable cuissot qu'il se ferait bientôt griller. Mais, heureusement prévenu par le bruit des branches qui craquaient sous le pied d'Hercule, le sanglier eut le temps de détaler.

« Malheureux ! Où avais-je la tête ? s'écria Hercule. C'est vivant que je dois le rapporter et non pas sous forme de cuissot ! »

Quelques jours plus tard, il réussit à s'en approcher suffisamment pour lui dire : « Cher ami, je vois bien que tu es le roi de la forêt. Mais crois-moi, ce n'est pas un lieu digne de toi. Viens que je te mène jusque chez mon cousin où tu seras logé dans une étable splendide, toute incrustée d'or. »

Mais le sanglier détourna la tête avec mépris et s'enfuit.

« Nom de nom, s'écria Hercule en lui courant après, je préfère dix lions de Némée à un seul sanglier ! »

La poursuite dura trente jours et autant de nuits : Hercule ne lui laissa aucun répit. Dès que l'animal voulait souffler ou reprendre des forces ou même manger, Hercule surgissait, le forçant à monter toujours plus haut vers la cime de la montagne. Il le poussa ainsi jusqu'aux neiges éternelles qui glacent le sang, si bien qu'un matin il le retrouva couché sur le côté. Le froid, la peur et la faim étaient venus à bout de sa résistance. Hercule le hissa alors sur son dos et le rapporta à son cousin.

« Il est encore paralysé par la fatigue, lui dit-il, tu n'as rien à craindre. »

Mais Eurysthée eut une telle frayeur qu'il ne voulut jamais sortir de la jarre dans laquelle il s'était caché.

IV

La Biche aux pieds d'airain

Un matin, Eurysthée dit à Hercule :

« Connais-tu la biche aux sabots d'airain ? Celle qui vit dans les forêts de l'île de Crète ?

– Bien sûr ! répondit Hercule, tout le monde la connaît. Elle pèse autant qu'un taureau et ses bois sont en or.

– Tu l'as déjà vue ? demanda Eurysthée.

– Moi ? Non ! dit Hercule. Elle appartient à Artémis, la déesse de la Chasse, et tu sais avec quelle cruauté elle punit ceux qui pourchassent les animaux qui lui sont consacrés. Quel fou, quel imprudent voudrait approcher cette biche ?

– J'en connais un, dit Eurysthée.

– Ha ! Ha ! rit Hercule. Donne-moi le nom de cet idiot.

– Tu le connais bien : c'est toi. Je veux que tu me rapportes cette biche dans les plus brefs délais. »

Quelques jours plus tard, Hercule débarqua sur l'île de Crète et se rendit sans attendre jusqu'au domaine de la biche.

Après plusieurs semaines de recherches infructueuses, il la surprit en train de boire dans une rivière. Hercule se dit :

« J'ai réussi à capturer le sanglier d'Érymanthe, il ne me sera pas difficile de m'emparer de celle-ci. »

Mais on n'approche pas d'une biche comme on le ferait d'un sanglier. Dès qu'Hercule sortit de sa cachette, avec autant de discrétion que son grand corps le permettait, la biche s'enfuit et disparut.

Un autre jour, Hercule la découvrit au milieu d'une clairière, jouant avec les rayons du soleil. Fermement décidé à ne pas la perdre cette fois-ci, il se précipita sur elle. Dans l'espace dégagé de la clairière, libre de tout arbre et de tout fourré,

Hercule faillit bien la tenir. Mais dès qu'elle pénétra dans l'épaisseur du bois, lorsqu'il fallut sauter par-dessus les troncs et les buissons, la biche gagna du terrain, puis disparut tout à fait. Hercule avait perdu sa trace une fois de plus.

Pendant un an, il tenta tout ce que lui soufflait son imagination. Il confectionna des pièges étudiés pour ne pas la blesser. Il essayait de la flatter en l'appelant par des petits noms comme « ma biche aux cils de velours ». Mais il la maudissait à part lui, la comparant à un vieux bouc. Jamais elle ne se laissa prendre.

Enfin, après avoir parcouru chaque sentier, contourné chaque arbre et chaque rocher, Hercule parvint à la rattraper à la course. Alors il la prit entre ses bras, sans la blesser ni même l'étouffer, et il la rapporta à son cousin qui ne voulut jamais descendre de sa muraille.

« Tu n'as rien à craindre, lui dit Hercule. Ce n'est pas un lion ni un sanglier : c'est une biche.

– Une biche ? Un véritable taureau, oui ! Je n'en veux pas. »

Hercule n'eut d'autre solution que de la rendre à Artémis.

V

Les Oiseaux du lac Stymphale

Pour sa cinquième épreuve, Eurysthée envoya Hercule jusqu'au lac Stymphale. Hercule connaissait bien le chemin : c'était celui qui l'avait conduit jusqu'au sanglier d'Érymanthe. Mais comme les choses avaient changé depuis ! Tout au long du chemin, ce n'étaient que champs piétinés et que vergers jonchés de fruits à moitié dévorés.

Les responsables de tant de misères, c'étaient eux, ceux qu'Hercule était chargé de tuer : les oiseaux du lac Stymphale. Tout le monde aime les oiseaux et Hercule les aimait également. Mais il s'agissait, en l'occurrence, de bêtes plus grosses et plus noires que des corbeaux, aux plumes dures comme de l'acier et acérées comme des couteaux. Les habitants de la région, armés de lances et de bâtons, avaient bien tenté de s'en débarrasser. Mais on avait retrouvé leurs corps criblés de plumes, car les oiseaux se servaient de celles-ci comme de flèches pour se défendre.

Après de longues heures de marche, Hercule parvint jusqu'à la forêt où vivaient les oiseaux. Il se garda bien d'y entrer, car il y faisait noir de jour comme de nuit.

De son sac, il sortit une paire de castagnettes de bronze, offertes par Héphaïstos, le dieu du Feu, et les fit claquer l'une contre l'autre. D'abord il ne se passa rien. Puis la forêt s'anima de cris affreux et le premier oiseau s'éleva au-dessus de la cime des arbres. Dans le soleil, et bien que l'oiseau fût tout noir, son bec et ses plumes acérés jetaient des éclairs. Excellent archer, Hercule le transperça d'une flèche rapide.

Tout de suite après, dans un bruit de feuilles de fer s'entrechoquant, deux oiseaux s'élevèrent dans le ciel. Hercule les tua d'une seule flèche. Alors, toute la forêt se mit à trembler. Quel affreux vacarme ! Ce n'étaient plus que cris perçants, grincements et crissements de couteaux qu'on aiguise. Deux autres oiseaux s'envolèrent, puis dix, puis cent, tant et si bien que le ciel s'obscurcit comme s'il se couvrait de nuages.

De l'arc d'Hercule partaient des centaines de flèches. À gauche, à droite, embrochant quatre, cinq oiseaux à la fois. C'étaient des dizaines de cadavres ensanglantés qui s'écrasaient au sol comme des boulets. Mais lui ne semblait rien sentir, occupé qu'il était à se défendre et à retendre son arc au plus vite.

Quand Hercule arma de sa dernière flèche son arc puissant, le ciel était bleu à nouveau. Aucun oiseau n'y volerait plus : il avait tué jusqu'au dernier ceux qui hantaient le lac Stymphale.

VI

Le Taureau de Crète

Eurysthée possédait un troupeau de vaches dont il voulait accroître le nombre. Il dit un jour à Hercule :

« Je veux que tu retournes sur l'île de Crète et que tu te rendes à la cour du roi Minos.

– Que désires-tu cette fois-ci ? demanda malicieusement Hercule. Une autre biche ? Un cerf ?

– Rien de tout cela, non. Il y a là un superbe taureau. Je veux que tu me le rapportes.

– Tu auras sa carcasse encore fumante d'ici une semaine, dit Hercule.

– Pour qui me prends-tu ? répondit Eurysthée. Je le veux vivant.

– Vivant ? Tu as déjà peur d'une simple biche !

– Rapporte-le ! Tu verras bien si j'ai peur ! »

Dès le lendemain, Hercule débarqua en Crète et se rendit à la cour du roi Minos qui lui fit ce récit :

« Il y a quelques années, j'ai promis à Poséidon de lui sacrifier mon plus beau taureau. Mais je n'ai pas tenu promesse. Hélas ! Ma cupidité a été bien punie : pour se venger, Poséidon l'a rendu fou furieux. Depuis, il ravage les champs de ses sabots et embroche de ses cornes tous ceux qui l'approchent. »

Lorsque Hercule pénétra dans le domaine du taureau, il dut se rendre à l'évidence : ce n'était pas un animal commun. Plus gros, plus fort, plus méchant, avec de tout petits yeux cruels et du feu sortant de ses naseaux, il serait venu à bout de dix hommes armés. Parler ne servait à rien : il fallait agir. D'abord, le taureau, surpris par une attaque si soudaine, commença par fuir. Mais sa fuite fut de courte durée. Il se retourna et chargea Hercule si rapidement que celui-ci n'eut pas le temps de l'éviter. Le choc fut terrible, le front du taureau frappant la poitrine d'Hercule avec un bruit caverneux. L'un et l'autre demeurèrent un instant étourdis, mais Hercule, retrouvant le premier ses esprits, attrapa le taureau par les cornes. Furieux, l'animal ruait dans tous les sens, piétinant le sol de ses sabots d'où jaillissaient des flammes et poussant des beuglements affreux tandis que de la fumée sortait de ses naseaux.

Mais Hercule tenait bon, se servant de tout le poids de son corps pour immobiliser son adversaire. Enfin, après des heures de lutte, le taureau ne bougea plus : il avait trouvé son maître.

Alors Hercule grimpa sur son dos et le taureau le mena en nageant jusqu'à Eurysthée.

« N'aie pas peur, lui dit Hercule. Il est doux comme un agneau.

– Je n'ai pas peur !

– Alors, sors de ta jarre !

– Je sortirai, oui, dès que tu l'auras sacrifié.

– Que je le sacrifie ? Mais pourquoi ?

– Je... tu... ce n'est pas à toi de me poser des questions, et d'ailleurs, je n'ai pas à te répondre. »

« Vraiment, pensa Hercule, quel drôle de cousin suis-je obligé de servir ? »

VII

Les Cavales de Diomède

Pour sa septième épreuve, Eurysthée envoya Hercule auprès du roi de Thrace, Diomède, afin qu'il lui vole ses quatre juments. Hercule prit avec lui quelques volontaires pour l'accompagner, car ce pays se trouve à près de cinq cents kilomètres de Mycènes, vers le nord, en passant par la mer Égée.

Pendant la traversée, Hercule mit en garde ses compagnons contre les dangers qui les attendaient, la Thrace étant le pays d'Arès, le dieu de la Guerre, qui ne se régalait que de massacres. Il leur rappela aussi que Diomède était le fils d'Arès et chacun s'imagina quel genre de roi cela pouvait être. La cruauté de Diomède dépassait cependant tout ce que l'on pouvait imaginer. Il était laid, violent, vaniteux et brutal. Son plus grand plaisir était d'accueillir tout voyageur qui frappait à sa porte pour l'assassiner pendant la nuit.

Lorsque Hercule et ses compagnons débarquèrent enfin, le pays leur sembla plus terrible encore. Il y soufflait un vent sec qui empêchait tout arbre et toute fleur de sortir de terre. On s'y battait pour un rien et de nombreux cadavres jonchaient le sol. Les femmes à peine vêtues mangeaient par terre et les hommes ressemblaient par leurs manières frustes à des bêtes. Jamais, en revanche, ils ne croisèrent de chevaux aussi fins et racés que ceux qu'ils virent en Thrace. Comme il craignait pour la vie de ses compagnons, Hercule fit tout son possible pour passer inaperçu aux yeux des habitants et, c'est sans encombre qu'ils parvinrent jusqu'aux écuries du roi. Là, ils trouvèrent les quatre juments attachées à un râtelier de bronze, de belles juments au pelage blanc mais aux dents curieusement rouge sang. À peine les compagnons d'Hercule s'en approchèrent-ils, qu'ils hurlèrent de terreur, car à la place de l'orge c'était de la chair humaine que les juments dévoraient. Alertée par leurs cris, la garde du roi encercla l'écurie.

Le combat fut terrible et Diomède lui-même vint au secours de ses gens.

Les coups qu'il portait aux compagnons d'Hercule ne visaient pas à tuer mais à blesser cruellement afin de faire souffrir et de voir jaillir le sang. Hercule parvint cependant à le repousser jusqu'au râtelier et l'y fit tomber. Le roi, affolé, appela au secours, mais les juments toujours affamées le dévorèrent malgré ses cris et ses supplications. C'en était fini du roi de Thrace et de ses coutumes barbares.

Quant aux quatre bêtes, sans doute étaient-elles sous un charme quelconque, car, le roi mort, jamais elles ne mangèrent plus de chair humaine, et ce sont quatre douces juments qu'Hercule rapporta à son cousin, qui, pour une fois, ne se cacha dans aucune jarre.

VIII

Les Écuries d'Augias

Un matin, Hercule dit à Eurysthée :

« Je me sens très en forme aujourd'hui et prêt aux plus grandes prouesses. Où que tu m'envoies, cher cousin, j'irai avec plaisir, car je suis d'humeur à capturer dix biches et autant de taureaux.

– Tu veux un exploit à ta mesure ? demanda Eurysthée.

– Oui ! Je veux utiliser mes bras, mon épée et ma massue pour délivrer le monde.

– Alors le monde devra attendre pour être délivré car tu peux d'ores et déjà abandonner tes armes pour un balai et un seau.

– Je ne comprends pas, répondit Hercule, les yeux écarquillés.

– Ce seront deux armes fort utiles pour nettoyer les écuries du roi Augias.

– Comment ! Moi ! Un héros ? Le Héros ! Curer des écuries ?

– Mais oui, mon cher Hercule. De plus, je veux que tout cela soit fait en une journée. »

C'était impossible. Augias était un roi sale et Élis, sa ville, et ses écuries plus sales encore. Car, si le roi se vantait de posséder le plus grand troupeau de bœufs de toute la Grèce, il n'avait jamais songé à son entretien. Aussi considéra-t-il la proposition d'Hercule avec beaucoup d'étonnement.

« Ainsi tu voudrais nettoyer mes écuries ? Mais pour quoi faire ? demanda-t-il en se grattant la tête qu'il avait aussi sale que tout le reste.

– Mais parce qu'il est important pour un roi qui possède le plus grand troupeau qu'il soit aussi le plus propre.

– Vraiment ? Tiens donc, je n'y avais pas pensé. Eh bien, soit. Prends avec toi mes esclaves.

– Je n'ai pas besoin de tes esclaves, répondit Hercule. Je peux bien faire cela tout seul.

– Comme tu voudras, s'étonna Augias en se grattant le nez. À plus tard.

– À ce soir.

– Ce n'est pas la peine de me déranger inutilement, car je me couche de bonne heure. Reviens me voir quand tout sera terminé.

– C'est bien ce que je dis : à ce soir.

– Ce soir ? s'exclama Augias en riant de bon cœur. Ha ! Ha ! Ha ! Tiens, je te promets un dixième de mon troupeau si jamais tu y parviens. »

Deux fleuves limpides coulaient à gauche et à droite de la ville. Hercule creusa de larges canaux pour les détourner de leur cours, ouvrit une brèche dans le mur d'enceinte qui protégeait les écuries et ménagea une sortie dans la cour opposée. Quand Hercule leva le barrage qu'il avait fabriqué, l'eau s'engouffra en bouillonnant dans les écuries, emportant sur son passage tout le fumier et la terre qui s'y étaient accumulés depuis des années. À la fin de la journée, les écuries étaient aussi propres qu'au jour de leur construction.

Mais, quand Hercule vint réclamer sa récompense, Augias ne voulut jamais la lui donner.

« Des avares, des menteurs et des poltrons ! Voilà à quel genre d'hommes je dois obéir ! » pensa Hercule.

IX

La Ceinture d'Hippolyte, reine des Amazones

Eurysthée réservait à Hercule pour sa neuvième épreuve un travail particulièrement difficile : il lui demanda de rapporter la ceinture d'Hippolyte, reine des Amazones. Hercule avait triomphé des monstres les plus féroces, des animaux les plus agiles et de rois barbares. Il devait désormais s'attaquer à une femme.

Pour se rendre dans le pays des Amazones, Hercule prit avec lui quelques volontaires et s'embarqua sur un unique bateau. Au cours de la traversée, il questionna son ami Thésée, dont la réputation de séducteur avait fait le tour de la Grèce. Au mot d'« Amazones », le visage de celui-ci s'assombrit.

« Tu ne peux pas les séduire, répondit-il à Hercule. Les Amazones n'aiment que la chasse et la guerre.

– Parfait ! Comme moi !

– Oui, mais toi, tu aimes les femmes, alors qu'elles détestent les hommes.

– Il n'y a donc pas de roi qui accompagne cette reine ?

– Ni roi, ni prince, ni rien du tout. Les seuls hommes que tolèrent les Amazones sont des esclaves chargés des tâches les plus viles. »

Enfin, l'expédition parvint dans le pays des Amazones. Quelles terribles visions pour tous ces valeureux soldats ! Autour d'eux, ce n'étaient que huttes sombres à l'intérieur desquelles se cachaient des hommes aux yeux craintifs et aux cheveux longs et sales. Au contraire, bien droites sur leurs chevaux, les Amazones avaient fière allure, bien qu'il leur manquât à toutes un sein. Leur coutume voulait en effet qu'elles se le coupent pour mieux tirer à l'arc.

L'accueil qu'Hippolyte leur réserva, ne fut pas très chaleureux mais néanmoins courtois, car elle connaissait ses exploits. Hercule demanda à être seul avec la reine et personne ne sut jamais ce qu'ils se dirent. Toujours est-il qu'à sa sortie de la salle d'audience, Hercule tenait à la main la ceinture qu'Hippolyte lui avait donnée. Il avait triomphé sans violence.

Mais Héra n'avait pas oublié la haine qu'elle éprouvait pour Hercule. Aussi, voyant que le héros s'en sortait victorieux, la déesse souffla un vent de discorde sur ceux qu'elle voyait si bien s'entendre.

« Cet Hercule est venu dans le but de séduire notre reine, dit une Amazone, et nous l'enlever.

– Bien sûr que non, répondit un soldat. Il ne s'intéresse pas à une reine à laquelle il manque un sein ! »

Rendues furieuses par cette insulte, les Amazones se jetèrent sur Hercule et ses compagnons. Quelle affreuse bataille ! Que de sang versé inutilement ! Car, au cours de la bataille, Hercule tua Hippolyte.

Sur la route du retour, Hercule goûtait une nouvelle fois les fruits de la victoire. Mais ils avaient cette fois-ci un goût amer : la mort d'Hippolyte lui rappelait celle de sa femme.

X

Les Bœufs de Géryon

Un soir, alors qu'Hercule attendait au pied de la muraille de la ville son dixième travail, Eurysthée dit :

« Comme le soleil est beau ! Comme l'horizon paraît lointain ! »

Ayant dit cela, son visage s'illumina et il ajouta :

« Connais-tu, Hercule, cette île derrière laquelle disparaît le soleil lorsqu'il se couche ?

– Érythie ? Je la connais de réputation, répondit Hercule. Que les dieux me gardent de jamais y aller !

– Pourquoi donc ?

– Mais parce qu'il faudrait plus d'un an pour s'y rendre et parce qu'elle est habitée par le géant Géryon. Personne ne serait assez fou pour venir lui chercher querelle.

– Eh bien, moi, répondit Eurysthée, je veux que tu lui voles son troupeau de bœufs et que tu me le rapportes. »

Hercule s'apprêta donc pour un long, long voyage à travers le monde. Il emprunta d'abord un chemin à travers l'Afrique, franchissant le redoutable désert de Libye.

Puis il éleva deux hautes colonnes de part et d'autre du détroit qui sépare la Libye de l'Europe. Enfin, il traversa l'Océan et débarqua sur l'île d'Érythie, devenue rouge de se trouver si proche du soleil couchant.

Hercule trouva sans difficulté le troupeau qui paissait en toute liberté, d'autant que son berger Eurytion faisait boire son chien Orthros à la rivière. Hercule rassembla donc les bœufs et, les ayant attachés à la queue leu leu, s'apprêtait à partir. Mais quand il se retourna, Orthros lui barrait la route. Dès qu'il fit un pas, le chien lui sauta à la gorge, la gueule grande ouverte. Hercule, qui n'avait pas oublié son combat contre le Lion de Némée, sortit sa massue à la vitesse de l'éclair et frappa à mort l'affreux molosse. Alerté par les cris de son chien, Eurytion vint à son secours, mais Hercule lui réserva le même sort : il l'envoya aux Enfers rejoindre son chien.

Comme il tirait la corde pour emporter le troupeau, Hercule sentit le sol vibrer sous ses pieds. C'était Géryon qui quittait son sommeil pour punir le voleur. Mais sa démarche était lente et lourde, car seules deux jambes soutenaient ses trois corps, ses trois têtes et ses six bras. Heureusement, Hercule l'aperçut de loin et, avant que le géant ait pu approcher, il le cribla de flèches. Transpercé de toutes parts, Géryon s'écroula à terre, avec fracas, tel un arbre millénaire que l'on abat.

Puis Hercule s'arma de courage, car il savait qu'il devait à nouveau franchir de hautes montagnes, traverser de larges rivières et des plaines immenses, avant de retrouver son pays. Au terme d'une marche de plusieurs années pendant laquelle périrent de nombreuses bêtes, Hercule rapporta à son cousin ce qui restait des bœufs de Géryon.

XI

Les Pommes d'or des Hespérides

« Mon cher cousin, dit un matin Eurysthée, je désirerais manger quelques pommes. Veux-tu bien aller m'en chercher ?

– Combien dois-je t'en cueillir ?

– Je n'en veux que cinq.

– Cinq ? Rien de plus facile. Dis-moi seulement où je dois aller les chercher.

– Dans le jardin des Hespérides.

– Et où est ce jardin ?

– Personne ne le sait ! Trouve-le et rapporte-moi les pommes...

– Tu sais qu'elles appartiennent à Héra !

– Et alors ? Crois-tu que je la craigne ? »

Dès le lendemain, Hercule se mit en route. D'abord il fallait trouver le jardin. Hercule le chercha pendant un an. Il vit les plus beaux jardins du monde, des jardins figés par le givre, des vergers, des oasis. Mais aucun ne contenait de pommes d'or.

Un jour qu'il grimpait sur la cime d'une montagne pour voir le monde d'en haut, Hercule découvrit un homme attaché à un rocher : c'était Prométhée. Zeus l'avait condamné pour avoir dérobé le feu aux dieux. Hercule le délivra, et comme Prométhée avait des dons de devin, il lui indiqua l'emplacement du jardin, au pied du mont Atlas, non loin de l'île d'Érythie.

Ce jardin était gardé par trois sœurs farouches, les Hespérides ; et comme Hercule n'avait nul désir de les combattre, il se rendit auprès de leur père nommé Atlas, le géant qui soutient la voûte céleste sur ses épaules.

« Si je te remplace, lui dit Hercule, me rendras-tu un service ?

– Tout ce que tu voudras, lui répondit Atlas, trop heureux d'être débarrassé de son terrible fardeau.

– Veux-tu bien aller me chercher quelques pommes dans le jardin de tes filles ?

– Si ce n'est que ça ! » dit Atlas.

Et il s'exécuta sans tarder. Une fois revenu, il soupira :

« Quel bonheur que de se sentir si léger !

– C'est vrai que c'est un peu lourd, répondit Hercule, et j'ai déjà mal au dos.

– Tu t'y habitueras.

– Sans doute. Mais peux-tu me rendre un dernier service ?

– Avec plaisir, cher Hercule. Lequel ?

– Je voudrais que tu reprennes la voûte céleste sur tes épaules, le temps que je glisse un coussin sur les miennes. »

Atlas, qui n'était pas très intelligent, reprit le monde sur ses épaules pour un temps qu'il croyait court. Mais, une fois débarrassé de son fardeau, Hercule ramassa les pommes et retourna vers Mycènes. Atlas eut beau l'appeler à grands cris, c'est lui aujourd'hui encore qui soutient la voûte céleste.

« Voici tes pommes, cher cousin, dit Hercule à Eurysthée en les déposant au pied de la muraille. J'appelle Héra afin que tu les manges en sa compagnie.

– J'ai... j'ai changé d'avis. Je veux que tu les lui rendes. »

« Décidément, pensa Hercule, quel poltron ! »

XII

Le Chien Cerbère

Au plus profond de la Terre vivait le chien Cerbère, le gardien des Enfers.

« C'est lui que je veux, dit Eurysthée à Hercule. Descends jusqu'aux Enfers et rapporte-le-moi. »

Eurysthée n'avait en réalité aucune envie de se retrouver face au chien, mais il tenait cette ultime épreuve pour impossible et ne s'inquiétait pas davantage.

Quand vint le soir, Hercule passa la porte des Enfers, accompagné du dieu Hermès qui connaissait bien le chemin. Et quel chemin ! Au cours de ses épreuves, Hercule en avait emprunté beaucoup, mais celui-là dépassait tout ce qu'il avait connu.

Il était bordé de sombres peupliers au travers desquels on entendait les cris de la Famine, des Soucis, de la Maladie et de la Guerre. Puis il descendait en serpentant jusqu'au fleuve Achéron, sur les rives duquel erraient les hommes morts sans sépulture.

Là se trouvait Charon, le vieux passeur, qui, au moyen de sa barque, emmenait les morts jusqu'à l'autre rive. Lorsqu'il vit Hercule, le vieillard cria d'une voix effrayante :

« Halte ! Nul vivant n'a jamais traversé ce fleuve ! »

Mais Hercule le menaça de sa massue, si bien que Charon dut céder tout en continuant à proférer des menaces. De l'autre côté siégeait Hadès, le dieu des Enfers. Ses yeux étaient noirs comme du charbon, mais au fond brillait une petite flamme rouge qui semblait danser. Pour être honnête, il faut bien dire que Hadès n'était pas un redoutable adversaire tant, il avait perdu la main. Aussi ne se risqua-t-il pas à attaquer Hercule, mais il lui dit seulement :

« Tu veux mon chien ? Eh bien, prends-le. Mais prends-le sans utiliser aucune de tes armes habituelles. Sers-toi uniquement de tes mains. »

Charon ouvrit la grille de la niche d'où Cerbère bondit en hurlant. Nul ne pourrait imaginer la violence du combat si Hermès n'avait été présent pour le raconter. Une seule des morsures du chien aurait tué quiconque, mais Hercule se défendait vaillamment, évitant les griffes et les mâchoires, car Cerbère avait trois têtes.

Enfin, Hercule réussit à l'attraper par le cou et, bien que la queue du chien se terminât par un dard empoisonné, il ne lâcha pas prise avant que Cerbère ne fût maîtrisé. Puis, le calant contre sa hanche, il le traîna jusqu'à la surface de la Terre que le Soleil éclaire.

En voyant Cerbère, Eurysthée eut si peur qu'il ne voulut plus jamais sortir de sa jarre et Hercule le rendit à Hadès.

Alors, voyant qu'il était un héros si valeureux, Héra apparut, lui pardonna ses crimes et jura de ne plus le poursuivre de sa haine. On fêta la fin de ses épreuves pendant toute une nuit et, dès le lendemain, Hercule repartit pour d'autres aventures.

THRACE
Mt OLYMPE
MER ÉGÉE
Mt ÉRYMANTHE
STYMPHALE
NÉMÉE
ÉLIS
ARGOS
MYCÈNES
CRÈTE
N
O
E
S

Le Voyage d'Ulysse

Le Voyage d'Ulysse

La Guerre est finie !

Dans une région que les Grecs appelaient Anatolie, parce qu'elle signifiait dans leur langue « à l'est du monde », se dressait autrefois une ville florissante. Les femmes y portaient des bijoux en or, les commerçants prospéraient et le Roi possédait une armée solide et puissante. Cette ville s'appelait Troie.

Mais lorsque commence cette histoire, Troie n'est plus qu'un tas de pierres brûlées. La ville a été mise à sac et sa population massacrée ou réduite en esclavage, les soldats se sont rendus et les femmes ont été faites prisonnières.

Après dix années de guerre contre l'armée grecque, Troie l'orgueilleuse a perdu.

Autour des ruines de la ville, les Grecs organisent leur départ. Loin en avant dans la mer voguent les bateaux du blond Ménélas, l'un des capitaines de l'armée grecque. Il emmène avec lui la plus belle femme que la Terre ait jamais portée, Hélène, sa femme.

À terre demeurent encore Agamemnon, le chef suprême des armées, et le rusé Ulysse. Comme Ménélas et ses hommes, Ulysse n'a plus qu'une seule envie : rentrer chez lui.

« Agamemnon, dit-il, je te prie de donner des ordres à tes hommes afin d'embarquer au plus vite. Il me tarde de serrer dans mes bras ma femme Pénélope et mon fils Télémaque. Et Argos, mon bon vieux chien ! »

Mais Agamemnon n'est pas décidé.

« Ulysse, toi qui as su tromper les Troyens grâce à ta ruse ; toi qui as introduit le cheval de bois dans l'enceinte ennemie pour mieux les surprendre, écoute-moi car je suis dans l'inquiétude. Je crains que les dieux ne soient fâchés contre nous.

– Fâchés ?

– Sais-tu bien que nos hommes, une fois entrés dans Troie, ont tout saccagé ?

– Quoi de plus naturel après dix années de guerre ?

– Certes, mais ces impies n'ont pas respecté les temples et je crains que les dieux ne cherchent à se venger pour ce sacrilège.

– Aie confiance, ô Agamemnon, car j'ai l'œil bienveillant de la déesse Athéna posé sur moi. Elle nous protège et aidera à notre retour. »

Et c'est ainsi que les Grecs quittèrent Troie où ils avaient connu la souffrance, la gloire et souvent, aussi, côtoyé la mort.

Épisode des Cicones

Hélas ! Agamemnon avait vu juste. À peine les Grecs ont-ils quitté la côte que les dieux soulèvent une tempête qui pousse les bateaux d'Ulysse vers le nord.

Lorsque le vent s'apaise, Ulysse a perdu Agamemnon. Devant lui, il aperçoit l'île d'Ismaros où vivent les Cicones. Farouches ennemis des Grecs, beaucoup sont tombés sous leurs coups pendant la guerre de Troie.

Profitant de la surprise, Ulysse attaque la ville. Quelle victoire ! En moins d'une journée, la ville est réduite en cendres et ses habitants demandent grâce. Mais Ulysse n'a pas le cœur à s'apitoyer : d'un geste à ses soldats, il ordonne le massacre. Alors, les habitants de la ville tombent un à un sous les coups des épées. Bientôt survient le grand prêtre de la ville, appelé Maron. Les Grecs s'en saisissent et s'apprêtent à lui trancher la gorge quand Ulysse les arrête.

« Malheureux ! Vous n'avez donc aucun respect des dieux ? Maron est le prêtre d'Apollon. Qu'un seul de ses cheveux soit touché et le dieu vous transpercera de ses flèches. Moi, Ulysse, je dis : que vive Maron. »

Le grand prêtre, tout tremblant d'être passé si près de la mort, se jette aux pieds d'Ulysse et, pour le remercier, lui offre de magnifiques cadeaux et douze amphores d'un vin doux et capiteux.

Ô divin Ulysse ! Garde précieusement ces amphores : elles te sauveront plus tard de la mort !

Il est temps de profiter du butin. Emportant tout ce que leurs épaules peuvent soulever, les soldats d'Ulysse s'emparent des trésors de la ville et de nombreuses bêtes des champs. Arrivé aux bateaux, Ulysse presse ses hommes d'embarquer. Mais eux se plaignent et gémissent :

« Ô divin Ulysse ! Depuis dix ans que nous obéissons à tes ordres, as-tu jamais pensé à notre plaisir ? Regarde quel festin nous attend sur la plage ! Vois ces rôtis fumants et ces coupes remplies de vin ! »

Ulysse cède : il autorise ses hommes à festoyer. Plutôt aurait-il fallu qu'il refuse car ce festin coûtera la vie à six hommes de chaque bateau.

En effet, pendant que les Grecs fêtent leur victoire, les habitants de l'île ont eu le temps de se réunir et les voilà qui attaquent en force.

Tant que dure la nuit, les Grecs sont victorieux, mais quand arrive le matin, épuisés,

ils tombent les uns après les autres. Ulysse ordonne le repli et parvient, sous une pluie de flèches, à s'échapper.

Quand les bateaux sont hors de portée des ennemis, les soldats d'Ulysse se réjouissent d'avoir échappé à la mort. Mais beaucoup pleurent les amis qu'ils ont perdus sous les coups des Cicones.

Maintenant, les navires glissent sur la mer poissonneuse en direction du sud. La patrie n'est plus désormais qu'à une journée de rames tout au plus. Hélas ! les dieux en ont décidé autrement. Pour ne pas avoir respecté leurs temples lors de la prise de Troie, les Grecs doivent payer ! Zeus, l'assembleur de nuages, lève une tempête et fait souffler le vent. Les bateaux d'Ulysse ne sont plus que des coquilles de noix sur la mer déchaînée. Les voiles se fendent ; les rames ne suffisent plus : il n'y a plus rien à faire, qu'à attendre et prier la clémence des dieux. Alors, pendant neuf jours, un vent de mort entraîne Ulysse bien au-delà du pays de Cythère, bien au-delà des mondes connus. Ulysse est désormais dans le grand inconnu de la mer du Couchant, mer des monstres et de l'épouvante dans laquelle il va errer pendant dix ans.

Épisode des Lotophages

Au bout du neuvième jour, enfin, le vent est tombé. Devant la proue des bateaux se dessine une côte. Les guerriers d'Ulysse sont assoiffés et n'aspirent qu'à débarquer, car à bord, on manque d'eau fraîche. Mais Ulysse, prudent, désigne d'abord quatre hommes pour reconnaître les lieux.

Or, ce pays est habité par un peuple étrange. Pour toute nourriture, ils se contentent d'une plante appelée « lotos » et c'est pourquoi ils portent le nom de Lotophages qui signifie « mangeurs de lotos ».

Quand les soldats d'Ulysse rencontrent les Lotophages, toutes leurs craintes s'évanouissent. Rarement ils ont abordé des personnes aussi aimables et accueillantes. Pourtant un danger les guette. Car, aussi doux et sucré que puisse être le lotos, il fait inexorablement perdre la mémoire à celui qui en mange. Aussi, dès que les quatre hommes goûtent au fruit de cette plante, ils oublient non seulement d'où ils viennent, qui ils sont, le nom de leur femme et l'âge de leurs enfants, mais aussi la raison même de quitter le pays des Lotophages.

Lorsque le soir tombe, inquiet, Ulysse part à la recherche de ses soldats, mais quand il les trouve, ils ne le reconnaissent pas.

« Mais qui es-tu pour nous donner des ordres ? demandent-ils. Nous ne te connaissons pas ; nous ne t'avons jamais vu et tu veux que l'on t'obéisse ? Passe ton chemin et laisse-nous vivre ici en paix. »

À quoi sert de parler ? Ulysse les attache à une chaîne et les ramène de force aux bateaux. Mais eux pleurent et supplient :

« Ô cruel étranger ! Tu n'as donc pas de cœur ? »

Et comme ils tentent de s'échapper en sautant du bateau, Ulysse les enchaîne sous les bancs des rameurs.

Épisode du Cyclope

Remontant vers le nord, Ulysse et ses compagnons aperçoivent une haute falaise percée d'une caverne. Qui donc habite là ? C'est ce qu'Ulysse voudrait bien savoir. Prenant une outre du vin que le prêtre Maron lui avait donnée, Ulysse et ses hommes partent donc en exploration.

Retourne d'où tu viens, ô divin Ulysse, car ce que tu trouveras là, c'est la mort la plus horrible que l'on puisse imaginer.

La caverne est vide de tout habitant, mais pas de nourriture : des brebis, des chèvres et, sur des étagères, de gras fromages, du lait et de la crème. Sans aucun doute, le maître des lieux est fort riche. Mais qui est-il ? Nul ne saurait le dire. En tout cas, les hommes d'Ulysse ont trop faim : sans attendre le retour du propriétaire, ils dévorent ses provisions.

Imprudents ! C'est vous qui, bientôt, serez dévorés.

Car l'habitant des lieux apparaît soudain à l'entrée de la caverne. Grand comme une montagne, dix fois plus laid que le plus laid des hommes, son visage ne compte qu'un seul œil, gros et rond au milieu de son front. Les soldats d'Ulysse sont pétrifiés par la peur, mais déjà il est trop tard pour fuir : le Cyclope (car c'est ainsi que l'on appelle ce genre de monstre) a refermé l'entrée de sa caverne avec un rocher.

D'une voix énorme, il insulte les valeureux soldats :

« Ridicules petites vermines ! Qui donc vous a autorisés à entrer dans la demeure du Cyclope Polyphème ? »

Ulysse s'avance d'un pas et, dissimulant sa terreur, il lui fait cette réponse : « Nous sommes grecs et, protégés des dieux, nous avons gagné la guerre de Troie. Ne nous insulte pas si tu ne veux pas t'attirer la colère de Zeus ! »

Tout habitant de cette terre se serait effacé devant une telle semonce. Pas Polyphème.

« Veux-tu bien laisser fermé l'enclos boueux de ta bouche ! Apprends ceci : ce n'est pas moi qui ai peur des dieux : ce sont eux qui me craignent. »

Puis il empoigne deux hommes, les avale et s'endort en ronflant.

Les compagnons d'Ulysse, eux, ne dorment pas. Toute la nuit, ils pleurent et gémissent sur leur sort. Qui leur en voudrait ? Même Ulysse ne sait que dire ni que faire. Au matin, Polyphème se lève, dévore encore deux hommes pour déjeuner, puis quitte la caverne pour faire paître son troupeau. Derrière lui, il remet en place le rocher.

Sitôt seul, Ulysse trouve la massue du Cyclope. Avec ses hommes, il la taille en pointe et durcit le bout dans le feu, puis il la cache au fond de la caverne. Il n'est que temps ! À peine revenu, voici Polyphème affamé qui empoigne deux hommes pour les avaler tout crus. Alors Ulysse s'approche de lui, tenant dans les mains l'outre de vin que lui avait donné le prêtre Maron.

« Cyclope ! dit-il. Un coup de vin sur les viandes humaines que tu viens de manger ? » Et il remplit son auge du nectar aux sombres feux.

Polyphème la vide d'un trait et il en redemande une fois, puis deux fois, puis trois... Bientôt il est saoul.

« Donne-m'en encore, sois gentil et dis-moi ton nom maintenant car je voudrais t'offrir, ô mon invité, un présent qui va te réjouir. »

Ulysse le sert à nouveau et répond :

« Tu veux savoir mon nom ? Je te le dis : mon nom est Personne. Oui, mon père et ma mère et tous mes compagnons m'appellent Personne.

– Eh bien, Personne, je te mangerai en dernier ; tel est le cadeau que je te fais. »

Ayant dit ces mots, le cruel Cyclope tombe dans le sommeil de l'ivrogne. Ulysse saisit alors le pieu et le met à chauffer dans la braise. Quand la pointe est bien rouge, aidé de quatre hommes, il l'approche de l'œil unique du Cyclope et, d'un coup, lui perce la paupière. A-t-on déjà vu pareille horreur ? Polyphème pousse un terrible rugissement et arrache de son œil le pieu trempé de sang. Il appelle à grands cris ses voisins les Cyclopes. Les voici ; de partout ils accourent et demandent :

« Polyphème ! Pourquoi nous réveiller en pleine nuit ? Qui t'attaque ?

– Qui m'attaque ? Qui me tue ? C'est Personne !

– Personne ? répondent étonnés ses voisins. Alors si personne ne t'attaque, nous ne pouvons rien pour toi. » Et ils retournent dans leurs cavernes.

Gémissant, torturé par la douleur, Polyphème pousse le rocher et s'assoit en travers de l'entrée, espérant bien attraper Ulysse et ses hommes s'ils tentaient de s'échapper. Mais eux, guidés par la ruse d'Ulysse, s'accrochent sous le ventre des moutons, échappant ainsi au Cyclope.

Lorsqu'il a regagné son bateau, Ulysse lance à Polyphème :

« Cyclope ! Si quelqu'un vient un jour te demander qui a crevé ton œil unique, dis-lui ceci : c'est le vainqueur de Troie, c'est Ulysse. »

Pourquoi ces paroles ? Elles coûteront la vie à tous tes hommes et la tienne aussi peut-être ! Car, désormais, Polyphème connaît ton nom, Ulysse. Écoute la prière qu'il adresse à son père :

« Ô maître de la mer, ô Poséidon, mon père ! Fais que cet Ulysse ne rentre jamais chez lui. Et s'il y parvenait quand même, que ce soit après de terribles souffrances, privé de tout compagnon et pour retrouver encore le malheur chez lui ! »

Sur l'Olympe, Poséidon a entendu la prière de son fils.

Épisode d'Éole

Aussitôt qu'apparaît, dans son berceau de brume, l'Aurore aux doigts de roses, les compagnons d'Ulysse prennent les rames. Quand vient l'heure de midi, ils parviennent jusqu'à l'île d'Éole. C'est là qu'Éole, le dieu des vents, a sa demeure. Ici, ils peuvent demeurer sans crainte car le dieu est pacifique. Pendant tout un mois, il retient Ulysse à sa cour, lui posant mille questions :

« Cette Hélène dont tout le monde parle, est-elle aussi jolie qu'on le dit ?

– Belle, elle l'est certainement. Mais sa beauté nous a coûté dix années de guerre et des milliers de morts.

– Que veux-tu dire ?

– Tu ne connais pas l'histoire de la guerre de Troie ?

– C'est-à-dire que je la connais de loin. Toi qui en as été le héros, je t'en prie, raconte-la-moi en détail.

– Tout a commencé à cause du prince le plus lâche que la Terre ait porté...

– Tu veux parler de Pâris ?

– Oui ! Pâris : mort depuis sur le champ de bataille, transpercé par une flèche empoisonnée, mais bien vivant à l'époque. Écoute plutôt ceci. Un beau jour, bien avant la guerre, il parvient aux portes de la ville de Sparte où règne Ménélas. Le roi l'accueille comme il est de tradition chez nous : il lui offre des cadeaux et organise même un banquet en son honneur. Un banquet en l'honneur de Pâris... Ensuite, comme Ménélas doit s'absenter quelques jours, il laisse tout naturellement Pâris profiter de son palais.

Et voilà que ce traître commence à se dire que Ménélas a une jolie femme.

– Hélène ?

– Oui, Hélène.

– Mais est-ce qu'elle n'était pas jolie ?

– Bien sûr que si : superbe, magnifique, la plus belle femme que notre pays ait jamais vue.

– Alors il me semble normal que Pâris la trouvât belle, lui aussi. À sa place...

– Mais il ne s'agit pas de cela ! Voilà qu'il se met aussi dans la tête de l'enlever.

– Pour l'emmener chez lui, dans la ville de Troie ?

– Exactement.

– Et il l'a fait ?

– Oui.

– Oh ! le traître, le fourbe, le...

– Je te l'avais bien dit. En tout cas, lorsque Ménélas rentre chez lui, il trouve la maison vide : plus d'Hélène, ni de Pâris. Le temps pour le roi de réunir ses troupes en persuadant les autres princes de l'accompagner, et nous voilà tous partis pour Troie. Mais la ville ne se laisse pas prendre. D'épaisses murailles la protègent et, souvent, les dieux sont contre nous. Bref, pendant dix ans, la ville a résisté à toutes nos attaques. Les Grecs commencent sérieusement à se décourager et beaucoup parlent de repartir.

– Et alors ? Que s'est-il passé ?

– J'ai eu l'idée de fabriquer un grand cheval de bois. Je me cache à l'intérieur avec quelques soldats. Au matin, lorsque les Troyens découvrent le cheval, ils pensent qu'il s'agit d'un cadeau des dieux. Ils ouvrent les portes de Troie – moment tant attendu ! – et rentrent le cheval dans la cour. Quand la nuit vient, nous sortons de notre cachette et ouvrons toutes grandes les portes. C'est la panique chez les Troyens ! Ils veulent s'armer, mais trop tard : en une journée, Troie l'orgueilleuse est réduite en cendres...

– Bravo ! Quelle belle histoire ! Mais alors, raconte-moi, comment se fait-il que...

– Ô divin Éole ! Désormais, je veux rentrer chez moi.

– Oui, tu as raison, je t'ai assez retardé. Tiens, prends ce sac et surtout ne l'ouvre pas !

– Quel sac étrange !

– J'y ai mis tous les vents contraires à ta route. Comme cela, tu n'en rencontreras aucun puisqu'ils sont tous dans ce sac. »

Ulysse a le cœur léger : il sait désormais que rien ne peut l'empêcher de rentrer chez lui.

Ses bateaux filent maintenant, poussés par un vent favorable. Après quelques jours, la côte est en vue : on aperçoit même les feux allumés par les bergers.

Confiant, Ulysse s'endort. À l'arrière de son bateau cependant, les discussions prennent une drôle de tournure.

« Avez-vous vu ce sac qu'Ulysse a rapporté d'Éole ?

– Plein d'or et d'argent, sûrement !

– Est-ce qu'il n'est pas assez riche ? Et nous qui n'avons rien ! »

Il n'en faut pas plus. Les hommes s'approchent du sac, l'ouvrent, mais ce n'est ni de l'or, ni de l'argent qu'ils trouvent. Ce sont des vents déchaînés qui s'arrachent du sac en hurlant, qui entourent les bateaux et qui poussent les vagues. Pendant toute la nuit, la tempête fait rage. Les navires d'Ulysse sombrent tous, les uns après les autres, sauf le sien. Et lorsque les vents se calment, Ulysse, épuisé, découvre l'île d'Éole : il est revenu à son point de départ.

Désespéré, il court jusqu'à Éole pour lui demander son aide.

« Tu n'auras rien de plus que je ne t'ai déjà donné, Ulysse. Je vois bien que les dieux ne t'aiment pas, eux qui t'empêchent de retourner chez toi. Va-t'en et ne reviens plus. »

Alors, la mort dans l'âme, Ulysse reprend la mer.

Épisode de Circé

Traversant la mer, l'âme en peine, Ulysse parvient en vue de la côte italienne et aborde sur l'île d'Aéa. Il dit à ses hommes :

« Malgré tous nos chagrins, non ! ce n'est pas encore aujourd'hui que nous mourrons ! Debout ! Allons visiter cette île. » Et il désigne la moitié de ses hommes comme éclaireurs.

L'arme au poing, ils avancent avec prudence : combien sont morts par imprudence ?

Après avoir traversé une forêt, les hommes trouvent un palais où une femme, appelée Circé, les accueille gentiment. Comme elle n'a ni la taille d'une géante, ni les dents d'une mangeuse d'hommes, ils acceptent volontiers de partager son dîner. Mais dès qu'ils sont assis, Circé les touche avec sa baguette magique. Un seul coup suffit : le premier soldat est transformé en cochon, le second en sanglier, le troisième en truie ; pas un qui n'échappe à sa terrible baguette. Une fois tous les hommes transformés, Circé les mène jusqu'à l'étable où elle les nourrit de glands.

Heureusement, Euryloque, leur chef, était resté dehors. Quand il voit ses soldats transformés, il court retrouver Ulysse pour l'appeler à l'aide. Le sang d'Ulysse ne fait qu'un tour :

« Des cochons, des sangliers ? Des mangeurs de glands ? Mes hommes ? Attends-moi ici avec les autres, je m'en vais découper cette Circé en petits morceaux. »

En chemin, il rencontre le dieu Hermès qui le met en garde :

« Ulysse, mon ami, il ne sert à rien d'assassiner Circé, car une fois la magicienne tuée, personne ne pourra délivrer tes hommes. Prends plutôt cette plante, elle est magique. Mélange-la à la boisson que Circé te fera boire. Ensuite, tu verras bien. »

Ulysse continue son chemin, trouve Circé et au moment de trinquer avec elle, fait ce qu'Hermès lui a conseillé. Le voici invincible ! Et Circé qui a tenté en vain de le transformer en sanglier se jette à ses genoux.

« Tu es mon maître, ô étranger. Je suis sans pouvoir contre toi ! Exige, ordonne, demande ce que tu veux : je te l'accorde.

– Premièrement, délivre mes hommes ; deuxièmement, tends bien ton cou car je vais le trancher avec mon épée. »

Mais Circé est si belle et si généreuse qu'Ulysse oublie vite sa colère et se laisse séduire par les délices prodigués par son hôte.

Mais, à la fin de l'année, après avoir tant festoyé, Ulysse et ses hommes décident de reprendre la mer.

« Avant de partir, dit Ulysse, je voudrais bien connaître ce qui m'attend. Toi qui es magicienne, est-ce que tu ne pourrais pas m'éclairer ?

– Moi non, répondit Circé, mais Tirésias, oui.

– Tirésias ? Je connais ce nom.

– C'est un devin qui habite au Pays des Morts. Consulte-le, il te dira sûrement comment rentrer chez toi.

– Reste à trouver l'entrée du Pays des Morts.

– Laisse faire le vent : il mènera ton bateau au Pays des Morts. Une fois arrivé dans cet endroit pareil à un marécage, fais un sacrifice et Tirésias t'apparaîtra. Et maintenant, adieu, cher Ulysse. »

Épisode du Pays des Morts

Arrivé au Pays des Morts, Ulysse fit tout ce que Circé lui avait commandé de faire. Tirésias apparut.

« Salut à toi, dit Ulysse, je suis...

– Je sais qui tu es, répondit Tirésias, car on parle beaucoup de tes exploits ici.

– J'en suis très flatté, mais je désirerais connaître mon avenir.

– Quoi de plus légitime ! Écoute la prophétie de Tirésias !

– J'écoute !

– Dans trois mille ans, les enfants continueront d'écouter l'histoire de ton odyssée !

– Dis-moi plutôt si je vais pouvoir rentrer chez moi.

– C'est un retour plus doux que le miel, noble Ulysse, que tu voudrais. Malheureusement, Poséidon ne t'aime pas : tu as crevé l'œil unique de son fils, Polyphème. Et toi, ô imprudent, tu t'en es vanté !

– Alors, je dois mourir, n'est-ce pas ?

– Peut-être pas. Montre-toi courageux et tu seras sauvé.

– Et mes hommes ?

– Ils devront t'obéir, sinon, ils mourront.

– Et ma femme, Pénélope... a-t-elle eu la patience de m'attendre ? Ou bien est-elle remariée ?

– Pénélope est la femme la plus fidèle que la Grèce ait jamais connue. Nombreux sont les amoureux qui, te croyant mort, veulent l'épouser. Mais, écoute avec quelle ruse elle les tient éloignés. Elle a juré d'épouser l'un d'entre eux le jour où son travail de tissage sera terminé. Mais ce qu'elle fait pendant le jour, elle le défait la nuit !

– Quelle femme intelligente, rusée et aimante ! Quand pourrai-je les tenir dans mes bras, elle et mon fils ?

– Qui sait ? Bientôt peut-être. Si tu te comportes comme je te l'ai dit, alors un noble étranger te prêtera un bateau qui te ramènera chez toi. D'abord, personne ne te reconnaîtra à cause du temps passé. Ensuite, tu devras te battre contre les amoureux de ta femme. Enfin, seulement, tu pourras tenir ta femme et ton fils entre tes bras. »

Ainsi dit Tirésias, et Ulysse quitta le Pays des Morts.

ÉPISODE DES SIRÈNES

Pour continuer son chemin, Ulysse doit passer devant le rocher des Sirènes. Il faut savoir qu'à l'époque, les Sirènes n'étaient pas ces femmes au corps de poisson, telles qu'on les connaît aujourd'hui. C'étaient des monstres redoutables, à moitié femme, à moitié oiseau, dévoreuses de marins. Ce qui ne les empêchait pas d'être d'excellentes musiciennes. Au nombre de trois, l'une jouait de la lyre, l'autre de la flûte et la troisième chantait. Leur musique attirait les bateaux qui s'échouaient contre les rochers. Elles se régalaient ensuite de leurs pauvres victimes.

En chemin, Ulysse dit à ses hommes :

« Je suis curieux d'entendre ces sirènes. »

C'était de la folie : personne ne pouvait leur résister.

« Voici mon plan, continua-t-il cependant. Mettez ces bouchons de cire dans vos oreilles et ne les retirez sous aucun prétexte, sinon vous mourrez. Moi, je n'en mettrai pas. Seulement vous m'attacherez au mât du bateau. Alors, quoi que je vous demande...

– Nous t'obéirons, répondent tous les hommes.

– Surtout pas, malheureux ! Quand nous serons loin des Sirènes, alors seulement, vous me délivrerez. »

Les hommes s'exécutent : ils bouchent leurs oreilles avec la cire et attachent Ulysse au mât.

Dès que le chant des Sirènes se fait entendre, Ulysse crie à ses hommes :

« Délivrez-moi, et tout de suite ! »

Mais, heureusement, personne ne bouge.

Quand les Sirènes sont loin derrière, Ulysse est détaché du mât. Ses yeux brillent. Ce qu'il a entendu, nul ne le saura jamais.

« Rien n'est plus beau, dit-il à ses hommes, mais rien n'est plus dangereux aussi. Assurément, vous avez bien fait de ne pas m'obéir. »

Hélas ! Il n'aura pas d'autres occasions de dire cela ! Car tous ses hommes mourront à cause de leur désobéissance. Voici comment.

Épisode de Charybde et Scylla

Continuant son chemin, l'équipage arrive dans le détroit de Messine. Là se tient un monstre appelé Charybde qui, trois fois par jour, plonge sa gueule dans l'eau et avale tout ce qui s'y trouve. Eau, poissons, bateaux et marins, tout est aspiré. Mais Ulysse tient bon la barre et ils parviennent à lui échapper.

Seulement, un peu plus loin habite Scylla, affreuse femme dotée de six têtes de chiens féroces. Ulysse a beau faire, six de ses hommes sont dévorés.

Quelle affreuse mort ! Hélas, il faut continuer.

Passé le détroit de Messine, les hommes débarquent sur l'île de Thrinacie. Ici, pas de monstres ni de Cyclopes, pas de Sirènes ni de chiens, mais de beaux bœufs blancs et gras. Les hommes ont faim, ils veulent manger. Mais Ulysse les arrête :

« Ces bœufs ne sont pas à vous. Ils appartiennent au Soleil. Tuez un seul de ces bœufs et vous mourrez ! »

Mais les hommes répondent :

« Ulysse donne des ordres ! Ulysse punit, Ulysse interdit ! Mais jamais Ulysse ne nous ramène chez nous ! Nous mangerons ces bœufs ; libre à toi de mourir de faim ! »

Que peut faire Ulysse contre des hommes affamés ? Les bœufs sont tués, découpés, cuits sur la braise et dévorés. Seul Ulysse ne prend pas part au festin, malgré la délicieuse odeur de viande grillée qui monte jusqu'au ciel.

Mais justement, dans le ciel, le Soleil est intrigué : d'où peut bien venir cette fumée ? Quand il voit quel sort on a réservé à ses bœufs, plein de fureur, il se plaint à Zeus.

« Ils ont mangé tes bœufs ! crie le roi des dieux. Malgré mon interdiction ! Cela mérite la mort !

– Épargne seulement Ulysse, dit le Soleil : il n'a pas pris part au festin. »

Zeus s'arme de ses éclairs les plus puissants et les lance sur le bateau qui avait repris la mer. Pauvres hommes ! Dans la fureur de l'orage qui s'abat sur eux, aucun n'a le temps de fuir. Frappés par la foudre, ils s'enflamment comme des bûches sèches dans la cheminée. Quand l'orage s'éloigne, le bateau a coulé, et du fier équipage il ne reste plus que des corps noircis par le feu. Seul Ulysse est vivant. Mais pour combien de temps ? Accroché à un morceau du mât, au milieu des vagues, combien d'heures lui reste-t-il à vivre ?

ÉPISODE DE CALYPSO

Pendant neuf jours, Ulysse dérive sur la mer poissonneuse, entraîné par les courants. Le dixième jour, une vague bienheureuse le dépose sur le sable d'une île. Ulysse ferme les yeux. Il est vivant, mais si fatigué qu'un simple soldat pourrait le tuer. Il s'endort.

Quand il rouvre les yeux, il est couché dans un lit confortable. La porte de sa chambre ouvre sur un jardin où la musique d'une source se fait entendre. Il veut se lever, mais une main sur son épaule le force à rester allongé :

« Tu dois te reposer, ô mon invité.

– Qui es-tu ? interroge Ulysse.

– Je m'appelle Calypso et je suis la reine des Nymphes qui peuplent l'île. Nous t'avons trouvé sur la plage, recueilli et soigné. Mais tu dois encore te reposer pour guérir complètement. »

Quand un mois a passé, Ulysse doit se rendre à l'évidence : Calypso est follement amoureuse de lui. Elle lui tisse de somptueux vêtements ; elle lui découpe les meilleurs morceaux pendant les repas ; elle le couvre de baisers et de marques de tendresse. Après tant d'épreuves, Ulysse se laisse d'abord faire. Mais quand six mois ont passé, il voudrait bien rentrer chez lui. Seulement Calypso ne veut pas entendre parler de retour :

« Un jour, tu partiras, oui, mais il vaut mieux attendre », lui dit-elle.

Ou bien :

« Tu veux partir ? Mais je t'en prie, va. »

Or Ulysse n'a plus rien : ni armes, ni bateau et aucun outil pour en construire un. Ulysse est prisonnier.

Les mois passent, et même les années – sept dit-on. Ulysse reste tout le jour à regarder la mer en pleurant. Jamais plus il ne reverra sa terre, sa femme et son fils !

Un matin cependant, Calypso rencontre un beau jeune homme qui la salue :

« Bonjour à toi, Nymphe aux belles boucles ! Je suis Hermès, le messager des dieux.

– Parle, je t'écoute, répond Calypso. Mais je vois bien à ta figure que les nouvelles ne sont pas bonnes.

– Cela dépend pour qui. Voilà : tu dois laisser Ulysse repartir.

– Et l'ordre vient de qui ?

– De Zeus, lui-même.

– Oh, comme je vous déteste, dieux jaloux ! La vérité, la voici : vous ne supportez pas de voir une mortelle heureuse !

– Prends cela comme tu veux. Toujours est-il qu'Ulysse doit avoir quitté ton île au plus vite. »

Lorsque Ulysse apprend la nouvelle, il ne parvient pas à dissimuler sa joie. Ainsi, il va pouvoir rentrer chez lui. Pendant quatre jours, sous sa direction, les Nymphes construisent un radeau avec les outils qu'elles avaient cachés jusque-là.

Au bout du cinquième jour, tout est fini. La nuit vient, puis le matin. Plein de joie, le divin Ulysse ouvre les voiles. C'est à Calypso de pleurer désormais : pour toujours, elle a perdu son Ulysse.

Pendant dix-sept jours, Ulysse vogue en paix. Bientôt, il pourra toucher la côte d'Ithaque, son pays. Mais c'était compter sans Poséidon. Lorsqu'il voit le radeau aborder, il soulève une tempête monstrueuse, il démonte la mer, déchaîne des rafales.

Les nuages sont si noirs que le jour devient comme une nuit profonde. Frappé par les vagues, Ulysse lâche la barre et tombe à la mer. Longtemps, il reste sous l'eau sans pouvoir respirer ; bientôt, il manque de s'étouffer. Finalement, il arrive à remonter à la surface : ses poumons crachent de l'eau et des algues.

Durant deux jours et deux nuits, Ulysse dérive sur la mer en furie. Quand, le troisième jour, l'Aurore aux belles boucles annonce le jour, la tempête se calme enfin. Ulysse nage jusqu'à une île et, dans le tronc d'un olivier, caché des bêtes et protégé du froid qui aurait pu le tuer, il s'endort.

Épisode d'Alcinoos

Quand le soleil, haut dans le ciel, annonce l'heure de midi, Ulysse est réveillé par des cris et des rires de jeunes filles. Qui sont-elles ? Quel est le nom de leur île et où se trouve-t-elle ? C'est ce qu'il voudrait bien leur demander. Seulement voilà : au cours de la tempête, Ulysse a tout perdu. Son radeau, ses vivres, mais aussi ses vêtements. Ulysse est tout nu ! Que vont dire les jeunes filles ? Tant pis, Ulysse va à leur rencontre : il a trop besoin d'aide.

« Au secours ! » crient les jeunes filles en courant dans tous les sens.

Seule Nausicaa, la fille du roi de l'île, ne s'est pas cachée. Elle a très peur, mais elle est encore plus curieuse.

« Qui es-tu ? lui demande-t-elle. Un poisson sur deux jambes ? Un monstre à forme humaine ?

– Je ne suis pas un poisson, bien que j'aie nagé deux jours durant dans une mer en furie. Je suis Ulysse, le célèbre héros !

– Eh bien, mon pauvre Ulysse, si tu te voyais ! Crois-moi, tu ressembles plus à un monstre qu'à un héros. La mer dans laquelle tu as baigné pendant tout ce temps a dévoré la peau de ton visage et de tout ton corps. Tiens, prends ce drap pour te couvrir et suis-moi jusqu'au château de mon père, le roi. Là tu seras bien traité. »

Nausicaa n'a pas menti. Pendant plusieurs jours, Ulysse est baigné dans des huiles douces et riches, si bien que ses plaies creusées par la mer se referment. Dès qu'il est rétabli, Alcinoos, le roi, le reçoit à sa cour.

Ulysse a fière allure. Il n'est plus du tout celui que l'on aurait pu confondre avec un poisson et Nausicaa ne peut s'empêcher de rougir à sa vue. Le roi Alcinoos lui demande qui il est et d'où il vient. Alors, Ulysse raconte toute son histoire. Comment il partit de Troie ; comment il rencontra les pires souffrances et les pires monstres tout au long de son chemin.

Quand Ulysse achève son histoire, plusieurs heures ont passé. Personne n'ose plus parler. Seul, Alcinoos prend la parole :

« Ô noble Ulysse ! C'est un honneur pour nous de te recevoir à la cour. Ce serait pour moi une joie immense de t'accueillir dans ma famille. Ma fille Nausicaa n'a pas encore de mari. Épouse-la ! Tu seras ici mieux traité que nulle part ailleurs.

– Ta fille est belle, répond Ulysse, et ton palais magnifique. Ce serait une grande joie pour moi d'y demeurer. Mais j'ai un pays, une femme et un fils que j'aime. Mon vœu le plus cher est de les retrouver tous.

– Je te comprends, bien que je regrette ton départ. Aussi, voici mon cadeau : un de mes meilleurs bateaux et plusieurs de mes meilleurs hommes t'accompagneront jusqu'à chez toi. Ulysse, ton voyage est terminé. »

Après quelques jours de traversée, Ulysse aperçoit la côte d'Ithaque, son pays. Ainsi, le devin Tirésias avait vu juste : « Tu regagneras ton pays grâce au bateau d'un noble étranger », avait-il dit. Tranquille, Ulysse s'endort. Le lendemain matin, lorsque les marins viennent le chercher, ils le trouvent endormi et n'osent pas le réveiller. Alors, ils le transportent doucement jusqu'à la plage avec les cadeaux que Alcinoos lui a offerts.

Pendant dix ans, Ulysse a fait la guerre et dix années de plus lui ont été nécessaires pour rentrer chez lui. Mais désormais, ses aventures sont terminées. Bientôt, il retrouvera Pénélope, sa femme, et Télémaque, son fils.

Comme le lui a prédit Tirésias, il devra se battre contre les amoureux de Pénélope, mais il en sortira vainqueur.

Pour l'heure, Ulysse s'est réveillé. Le soleil, haut dans le ciel, éclaire son pays. Les larmes inondent ses yeux : enfin, il est chez lui.

De là-haut, les dieux regardent Ulysse avec fierté.

« C'est bien l'homme le plus courageux que je connaisse, dit Zeus.

– Et le plus rusé », dit Athéna. Puis, s'adressant à Poséidon, elle lui demande d'oublier sa colère.

« Jamais je n'oublierai ce qu'il a fait à mon fils, répond-il. Mais il s'est montré brave dans toutes les épreuves, et pour cela, je lui pardonne. »

Ainsi se termine le voyage d'Ulysse.

Pays des Morts
Île d'aéa
Île d'Éole
Rocher des Sirènes
Scylla
Charybde
Île de Thrinacie
Île des Lotophages
Île de Calypso
Ithaques
Phéacie
Ismaros
Troie

Icare et Dédale

Icare et Dédale

Prologue

L'histoire qui va t'être racontée dans ce livre n'est pas celle d'un dieu, comme Hercule, ni d'un héros, comme Ulysse, mais la vie d'un homme extraordinaire qui s'appelait Dédale. Aux yeux de tous, c'était un génie. Architecte, il a construit les plus beaux palais. Ingénieur, on lui doit des inventions extraordinaires. Sculpteur, ses œuvres étaient connues dans toute la Grèce. Aujourd'hui, peu de gens connaissent bien l'histoire de sa vie qui a été principalement racontée par Ovide, le grand poète latin. Pourtant, on continue à prononcer le nom de Dédale lorsque l'on parle d'une ville compliquée, faite de nombreuses ruelles où l'on peut se perdre, comme dans un labyrinthe.

On dit de Venise par exemple, que c'est un « véritable dédale de rues ». En lisant l'histoire, tu comprendras pourquoi. Dédale n'a eu qu'un enfant, Icare, qui est l'un des personnages les plus célèbres de l'Antiquité grecque. Pourtant, tu le verras, ce n'est pas un héros, lui non plus, ni un dieu, mais un enfant puni pour avoir désiré s'élever au-dessus des autres.

Enfin, avant de commencer, tu dois savoir que cette histoire s'est déroulée il y a plus de trois mille ans, en Grèce, en Crète et en Sicile. Parfois, tu le verras, on n'est pas tout à fait sûr que les choses se soient vraiment passées ainsi.

C'est le travail des historiens et des archéologues de nous éclairer sur le sujet. Mais ils ne sont pas toujours d'accord et personne n'a vraiment la preuve que Dédale et Icare ont vraiment existé.
Seulement, si tu visites Athènes un jour, ou le palais de Cnossos, en Crète, tu verras les temples, tu verras le Labyrinthe et alors, toi aussi, comme des milliers de gens avant toi, tu continueras de raconter l'histoire de Dédale et Icare.

Dédale sculpteur à Athènes

Selon la légende, Dédale est né à Athènes, mais on n'est pas certain du nom de son père. Certains disent qu'il s'appelait Eupalamos, qui signifie « celui qui est agile de ses mains ». D'autres prétendent qu'il se nommait Métion, c'est-à-dire « intelligent ». Dans tous les cas, on s'accorde à dire que Dédale appartenait à une très grande famille descendant directement du célèbre roi Érechthée. Socrate, le philosophe, prétendait même appartenir à la famille de Dédale. C'est dire tout le prestige rattaché à sa famille !

Dédale veut dire « ingénieux », mais, dans la réalité, tout le monde le considérait comme un génie. Sculpteur, il travaillait aussi bien le bois que le métal ou la pierre. On raconte des choses très étranges sur ses sculptures. On prétend qu'elles étaient douées de regards, de paroles et parfois même de mouvements, au point que les prêtres devaient les enchaîner de peur qu'elles ne s'échappent !

Comment est-ce possible ? Nul ne pourrait le dire car toutes ses œuvres ont disparu. À l'époque, les sculptures étaient peintes, de telle sorte que l'on avait l'impression, dans la pénombre, que la statue vous regardait vraiment. Peut-être également Dédale avait-il mis au point une mécanique permettant à ses sculptures de bouger, remuant la tête ou le bras à chaque offrande ?

Toujours est-il que chacun connaissait la réputation de Dédale et venait le voir pour lui demander conseil, ou de l'aide. Un jour, par exemple, une femme lui apporta les quatre morceaux d'un vase qu'elle avait cassé en lui demandant de le réparer. Dédale se retira quelques jours et lui rapporta le vase intact, sans la moindre fêlure.

« Comment as-tu fait ? » demanda la femme.

Dédale avait inventé la glue, tout simplement...

Une autre fois, Dédale se demanda quel outil pourrait être utilisé pour s'assurer que les constructions seraient toujours parfaitement horizontales. Et c'est comme cela qu'il inventa le fil à plomb, un instrument encore utilisé de nos jours.

Ainsi, tous les jours, sa réputation grandissait, dépassant les frontières d'Athènes et même de la Grèce.

TALOS

Un jour, Perdrix, la sœur de Dédale, vint le voir et lui demanda ce service :

« Mon cher Dédale. Ne voudrais-tu pas former Talos, mon fils qui vient d'avoir douze ans. Il me parle sans cesse de toi et de son désir de travailler à tes côtés. Je le crois très intelligent et très capable. Accepterais-tu de le prendre comme élève ? »

« Pourquoi pas ? se dit Dédale. Après tout, je n'ai ni enfant, ni élève. Talos pourrait apprendre en m'aidant. »

Alors, pour leur malheur à tous, il répondit à Perdrix :

« J'accepte. Qu'il vienne me voir demain matin. Six heures ! »

Le premier jour, Dédale demanda à son neveu de ranger l'atelier, le second, de nettoyer sa cour, le troisième, d'aller chercher des blocs de pierre pour ses sculptures. Tant et si bien que Talos s'impatientait :

« Mon cher oncle ! Quand vais-je commencer à apprendre ton art ? Quand vas-tu me montrer comment on devient un génie ?

– Devenir un génie ? répondit Dédale. À douze ans ? En voilà une idée prétentieuse !

Je vais t'apprendre ceci : le génie est réservé aux génies. Va te promener, regarde autour de toi et reviens avec une idée géniale. Alors, seulement, nous pourrons en reparler. »

Dédale pensait donner une bonne leçon à son neveu, mais le soir venu, il vit Talos revenir avec un drôle d'instrument à la main.

« Que tiens-tu ? lui demanda-t-il, très intrigué.

– Un instrument pour couper du bois. J'ai fait comme tu m'as dit : j'ai regardé autour de moi. J'ai vu les piques sur le dos des poissons, je les ai pris pour modèle et, taillant dans le fer des dents acérées, j'ai inventé cet outil. »

Dédale n'en revenait pas : son neveu avait inventé la scie.

« Est-ce que je suis un génie, alors, mon cher oncle ?

– Un coup de chance, répondit Dédale. Voyons si demain tu en auras autant. »

Mais le jour suivant, Talos revint avec une nouvelle invention : le tour dont les potiers se servent encore aujourd'hui pour travailler leurs œuvres. Et le surlendemain, avec le compas. Mais Dédale qui n'avait jamais connu aucun rival devint profondément jaloux.

La Mort de Talos

La jalousie était entrée dans le cœur de Dédale et le dévorait tout entier.

« Mon neveu sera bientôt aussi célèbre que moi, se disait-il. Et peut-être même davantage. À douze ans ! »

Et cette idée devint pour lui intolérable. Un soir, il appela Talos :

« Mon neveu. Tu m'as convaincu : assurément tu es un génie. Je vais donc te dire tous mes secrets. Mais pour cela, tu dois me suivre et ne poser aucune question. Es-tu d'accord ? »

Bien sûr que Talos était d'accord, lui qui attendait cela depuis des semaines ! Aussi, plein de confiance, il suivit son oncle dans la nuit jusqu'à un lieu appelé l'Acropole qui est le lieu saint, dominant la ville.

« Comme c'est beau, s'exclama Talos qui devinait la mer au loin, à la lumière de la lune.

– C'est vrai, lui répondit Dédale, mais penche-toi donc un peu par ici.

– Par ici mon oncle ? Mais c'est un précipice.

– Assurément ! »

Et au moment où Talos se penchait encore davantage, Dédale le poussa dans le vide. On entendit un cri seulement, déchirant, suivi du chant d'un oiseau, puis plus rien. D'abord Dédale se frotta les mains : c'en était fini de son élève trop doué, de son rival. Puis immédiatement après, il regretta son geste. Qu'est-ce qui lui avait pris ? Quel dieu lui avait mis cette jalousie mortelle dans le cœur ?

Alors il descendit précipitamment l'Acropole pour enterrer le corps de son neveu, mais ne le trouva pas, seulement un oiseau sur la branche d'un arbre qui le regardait, tout apeuré. Alors il comprit que la déesse Athéna, charmée par l'intelligence et l'adresse de Talos l'avait arrêté dans sa chute et transformé en oiseau. En tombant, Talos était devenu une perdrix. C'est la raison pour laquelle, de nos jours encore, les perdrix craignent l'altitude, volent toujours près du sol et font leurs nids dans les mottes de terre. Prudentes et solidaires, elles préviennent les autres oiseaux du danger.

JUGEMENT ET EXIL

Talos ayant été transformé en perdrix, Dédale rentra chez lui sans se douter que quelqu'un avait vu le crime et l'avait dénoncé. Dès le lendemain, on vint le chercher pour le juger sur l'Acropole.

Là, comme le voulait la coutume, les Anciens prirent place à l'intérieur d'un cercle de pierres polies puis, chacun à leur tour, donnèrent leur avis sur la sanction à prendre contre Dédale. L'un demandait une punition des plus sévères, l'autre rappelait ce que Dédale avait fait pour la ville et ses habitants et appelait à la clémence. De leur côté, face aux Anciens, les hommes du peuple manifestaient ensemble leur approbation ou leur désaccord de manière à ce que, progressivement, une décision s'impose à tous comme étant la plus juste.

Dédale, lui, prétendait qu'il s'agissait d'un accident pour s'éviter la pire des condamnations : l'exil. Car être exilé à cette époque signifiait la perte de tous ses biens, l'interdiction de revenir dans son pays et la condamnation à errer jusqu'à trouver une nouvelle terre d'accueil.

Mais les Anciens prirent cette décision : Dédale, digne descendant d'une famille royale devait quitter Athènes pour toujours. Et ils ajoutèrent ceci :

« Tu subis aujourd'hui le jugement des hommes. Mais rappelle-toi qu'un jour, les dieux te puniront eux aussi pour ton geste criminel. »

Accablé et honteux, Dédale quitta Athènes pour ne plus jamais y revenir.

Architecte de Minos

Après un long voyage à travers les îles des Cyclades, Dédale débarqua en Crète pour demander l'hospitalité à Minos, le célèbre roi de la ville de Cnossos. Mais il ignorait quel accueil lui serait réservé. Lui qui avait connu la célébrité, la reconnaissance et la richesse en son pays, était aujourd'hui considéré comme un étranger dont il fallait se méfier.

C'est pourquoi, lorsqu'il entra dans la grande salle du palais, Dédale se jeta aux pieds de la reine Pasiphaé en disant :

« Je viens à tes genoux après avoir beaucoup souffert. »

Touchée par ce geste d'humilité, la reine lui ordonna de se relever et demanda :

« Qui es-tu, étranger ? »

Mais avant que Dédale ait eu le temps de répondre, le roi Minos l'interrompit :

« Plus tard, mon hôte, plus tard ! »

Et frappant dans ses mains à l'attention de ses esclaves, il exigea :

« Que l'on dresse une table pour mon invité et lui apporte des vêtements frais ! »

Car à l'époque, les dieux prenaient l'apparence d'étrangers pour tester la bonne volonté des hommes à leur égard. Alors maltraiter un exilé qui a fait preuve de soumission, c'était s'exposer à la colère des dieux !

Une fois Dédale changé et restauré, la reine Pasiphaé renouvela sa question :

« Quel est ton nom, ton peuple, ta ville et tes parents ? »

Lorsque Dédale donna son nom et raconta son histoire, le roi se réjouit de pouvoir accueillir un homme à la renommée si prestigieuse d'autant que sa ville était en rivalité constante avec Athènes.

Aussi lui dit-il :

« Considère cette ville et mon palais comme ton nouveau pays et ta nouvelle maison. Je fais de toi mon architecte et mon sculpteur personnel. »

Et c'est ainsi que Dédale s'installa en Crète, faisant le bonheur et le malheur également de ses hôtes.

Naissance d'Icare

Un jour, Minos annonça à Dédale une bonne nouvelle : la reine Pasiphaé était enceinte.

« Si c'est une fille, nous l'appellerons Ariane » dit-il.

Mais comme c'était leur premier enfant, le roi espérait un garçon.

Dédale, lui, n'avait pas d'enfant et il en souffrait beaucoup. Pour en avoir, il lui aurait fallu prendre femme. Mais un homme en exil était toujours considéré comme un étranger, aussi grand et célèbre soit-il. Aussi n'avait-il pas le droit d'épouser une Crétoise.

Alors, comme il avait dépassé trente ans qui était l'âge de se marier pour un homme, Dédale décida d'avoir un enfant avec une esclave du palais. Elle s'appelait Naucraté. L'histoire ne raconte pas qui était cette esclave ni pourquoi Dédale la choisit.

À l'époque, les esclaves, homme ou femme, étaient considérés comme des objets dont le propriétaire pouvait disposer à sa guise, les revendre, les louer mais en aucun cas les tuer.

Peut-être Naucraté était-elle une prisonnière de guerre ? Peut-être était-elle la fille d'un père ou d'une mère esclaves ? Nous n'en saurons jamais rien. Toujours est-il qu'elle mit au monde un garçon. Il fut nommé Icare. On ne sait à peu près rien de son enfance. Mais on peut imaginer que Dédale le tint toujours éloigné de son art, afin de ne pas entrer en concurrence avec lui, de peur d'être de nouveau dévoré par la jalousie.

Quelques-uns racontent que Dédale, un jour, surprit son fils assis sur la plus haute muraille du palais de Cnossos, contemplant le ciel en soupirant :

« Père ! Pensez-vous qu'un jour les hommes sauront voler ? »

Dédale, se souvenant de la chute de Talos dans le vide s'empressa de répondre : « Le ciel est l'espace réservé aux dieux du ciel. Les souterrains aux dieux souterrains. La place de l'homme est sur la Terre. »

Et il prit Icare par la main pour l'emmener loin du vide, de peur que les dieux ne donnent à son fils l'idée de se prendre pour un oiseau.

La Demande de Pasiphaé

Les années passèrent et le palais de Minos dans la ville de Cnossos devint la construction la plus célèbre du monde antique.

Un jour, la reine Pasiphaé frappa à la porte de la chambre de Dédale pour lui faire une bien étrange demande.

Comme elle portait un voile, Dédale ne la reconnut pas tout de suite car il était interdit à une femme, qui plus est une reine, de s'entretenir secrètement avec un homme.

Lorsqu'elle fut certaine de n'être entendue par personne, elle fit cette demande :

« Dédale ! Toi qui es intelligent et astucieux. Toi qui peux réaliser toute chose et sortir quiconque de l'impasse dans lequel il se trouve, transforme-moi en vache. » Dédale n'avait jamais rien entendu de pareil.

« En vache, ô ma reine ?

– Oui, car je suis amoureuse d'un dieu transformé en taureau. »

Assurément, Pasiphaé était devenue folle. Elle continua cependant :

« Ne me juge pas, Dédale, mais écoute plutôt mon histoire. Il y a quelques années, Minos a dû se battre contre ses frères pour savoir qui d'entre eux serait le roi. Minos remporta la victoire. Mais il demanda à Poséidon, le dieu de la mer, de montrer que, lui aussi, l'acceptait comme roi légitime. Alors le dieu déposa sur la plage le taureau le plus beau que tu puisses imaginer. Minos, selon la coutume, aurait dû le sacrifier au dieu pour le remercier. Mais il a voulu le garder pour son enclos royal.

Alors Poséidon s'est fâché. Et il a fait deux choses. D'abord il a rendu le taureau fou furieux, si bien que personne n'est parvenu à le rattraper. Depuis, il fait des ravages terribles dans nos récoltes. Ensuite, il m'a rendu folle amoureuse de lui. Tu comprends ? Ce n'est pas ma faute. Je suis sous l'emprise de Poséidon et tu dois exaucer ma prière. »

Dédale demanda à la reine quelques jours de réflexion et lorsqu'elle revint le voir, il la transforma en vache.

Le Minotaure et le Labyrinthe

Les mois passèrent et Pasiphaé qui était redevenue femme, tomba enceinte de nouveau.

« Tâche de nous donner un garçon cette fois-ci, lui dit le roi. Nous avons déjà une fille, c'est bien suffisant ! »

Puis il partit à la guerre.

Lorsqu'il revint au palais, la première chose qu'il demanda fut de savoir si l'enfant était né, mais personne n'osa lui répondre. Alors il monta jusqu'à l'appartement de Pasiphaé et, se penchant sur le lit de l'enfant, il vit la chose la plus terrifiante qui lui fut jamais donné de voir : une créature dont le corps était celui d'un enfant, mais le visage, le cou et les épaules, ceux d'un taureau. Pasiphaé avait donné naissance à un monstre, mi-enfant, mi-bête.

« Gardes ! appela-t-il. Débarrassez-moi de ce... de cette chose ! »

Mais Pasiphaé se précipita pour arrêter l'épée du garde :

« Arrête malheureux ! Ne vois-tu pas qu'il s'agit là de l'œuvre d'un dieu ? »

Alors Minos reconnut dans le visage de la créature celle du taureau de Poséidon et il comprit qu'attenter à la vie de cet enfant, aussi monstrueux soit-il, c'était s'attirer la colère des dieux, plus terrible encore peut-être que cette naissance.

Mais que faire ?

La seule personne capable de le sortir de cette impasse, c'était encore Dédale, si rusé, si intelligent.

« Te voici avec un fils monstrueux, réfléchit Dédale, que tu ne peux pas garder auprès de toi. Mais tu ne peux pas t'en débarrasser non plus. Tu pourrais l'enfermer dans une cellule. Mais on continuerait de le voir et de l'entendre. Ou alors, il faudrait que cette cellule soit gigantesque de sorte que personne n'oserait s'y aventurer de peur de se perdre. »

Et c'est ainsi que, suivant les conseils de Dédale, Minos décida la construction d'un gigantesque labyrinthe, fait de hauts murs, de places et d'impasses, un dédale de couloirs si complexe que personne ne pouvait en trouver la sortie, sauf Dédale, bien sûr.

Et il y enferma le monstre, qu'on appela le Minotaure.

Les Sacrifices au Minotaure

Les années passèrent. Icare devint un jeune homme, Ariane une jeune fille, mais rien n'aurait pu les rapprocher car l'un était le fils d'une esclave, l'autre la fille d'un roi.

Tous deux cependant ne désiraient qu'une chose : fuir le pays où ils étaient nés.

Icare disait :

« Mon père ne m'apprend rien. Tout ce qu'il me demande, c'est de rester sagement derrière lui et de l'imiter. »

Ses amis lui disaient :

« C'est parce qu'il t'aime et qu'il tient à toi. Il veut te montrer l'exemple et que tu ne commettes pas d'imprudence. »

Mais Icare n'était pas de cet avis :

« Il a peur que je le dépasse, que j'aille plus loin que lui. Il ne veut pas me donner mon indépendance, ni ma liberté. »

De son côté, Ariane se lamentait :

« Est-ce que je peux encore considérer Pasiphaé comme ma mère, elle qui m'a donné comme petit frère un homme à tête de taureau ? Et comment considérer Minos comme mon père, lui qui nourrit le monstre avec de la chair humaine ? »

Car chaque année, le roi exigeait d'Athènes sept garçons et sept filles, pour les donner comme nourriture au Minotaure.

Ariane n'en pouvait plus d'entendre les cris des enfants perdus, suppliant qu'on les aide avant d'être dévoré par le monstre. Si seulement elle avait pu en sauver un !

Rien qu'un seul !

Mais comment faire ? Et comment fuir l'île quand on est une jeune fille et que l'on ne sait rien faire d'autre que d'entretenir la maison et jouer à la balle ?

Pourtant, un jour qu'elle regardait l'arrivée des quatorze enfants destinés à être dévorés par le Minotaure, Ariane remarqua un jeune homme différent des autres.

Plus grand, plus fort, plus beau, c'était le héros Thésée, venu pour tuer le monstre.

Aussitôt, elle en tomba amoureuse et courut chez Dédale.

« Dédale ! Il vient d'arriver par le port ce Thésée dont toute la Grèce parle. Je le crois suffisamment fort pour tuer le Minotaure, mais pas assez habile pour sortir de ton Labyrinthe. Rusé comme tu l'es, tu dois bien en avoir gardé le plan quelque part.

– Ma pauvre Ariane ! Ce plan ne lui sera d'aucune utilité car les couloirs du Labyrinthe sont si sombres que Thésée ne pourra le lire.

– Malheur ! répondit seulement Ariane qui s'effondra en larmes.

– Attends ! dit Dédale. Il n'est pas dit qu'il ne me soit posé un problème que je ne sache résoudre. Prends cette bobine de fil et donne-la à Thésée. Il n'aura qu'à la dérouler derrière lui à l'entrée du Labyrinthe et suivre le fil au retour. »

Et c'est grâce au fil d'Ariane que Thésée réussit à ressortir du Labyrinthe après avoir tué le Minotaure.

Enfermés dans le Labyrinthe

Au matin, lorsque Minos aperçut au loin le bateau de Thésée qui s'éloignait, emportant sa fille, son unique enfant ; lorsqu'il apprit que le Minotaure était mort et que c'était Dédale qui avait fourni les moyens de la fuite, Minos tomba dans une rage folle. Il ordonna que l'on capture l'architecte et son fils, et qu'on les lui amène dans la salle royale. Icare craignait la colère du roi mais pas Dédale qui se contenta de répondre :

« Je ne t'ai pas trahi, ô mon roi. J'ai seulement agi selon ma nature qui ne peut pas laisser un problème sans solution. Regarde autour de toi et vois l'étendue de ton palais qui fait ta gloire et ta renommée jusqu'à Athènes et même au-delà. Ne t'ai-je pas bien servi, moi qui ai décoré tes murs de fresques, qui ai revêtu tes sols de dessins en pierres, qui ai élevé un étage, doublant ainsi la surface de tes appartements ? Ne suis-je pas allé au-delà, même de ce que tu attendais de moi ? Alors ne va pas me reprocher d'avoir donner à ta fille ce qu'elle attendait de moi. »

Mais ces belles paroles ne calmèrent pas le roi Minos qui répondit :

« Aussi, je ne vous exécuterai pas comme traîtres à la patrie, ni toi, ni ton fils, mais vous enfermerai tous deux dans ce Labyrinthe que tu as construit et qui sera votre tombeau. »

Ayant dit ces paroles, Minos ordonna à ses gardes de précipiter Dédale et Icare dans un trou donnant dans le Labyrinthe, puis de refermer cette issue au moyen d'une grande pierre et de veiller à ce qu'aucune issue ne soit laissée sans surveillance.

La Confection des ailes

Enfermé dans le Labyrinthe, Icare se lamentait :

« Que faisons-nous là, ô mon père ? Toi qui prétendais que la place de l'homme était sur Terre et ceux des démons en-dessous. Allons-nous mourir ici comme des bêtes sauvages ? »

Dédale, qui ne répondait rien, avançait à tâtons dans l'obscurité des couloirs, espérant trouver une issue qui ne serait pas gardée. Enfin, à force d'efforts, Icare aperçut la lumière du Soleil qui lui brûlait les yeux.

« Père, père ! dit-il. Voici le jour ! Une sortie ! Nous sommes sauvés ! »

Hélas, en fait d'issue, c'était seulement une ouverture sur le ciel et la mer, impossible à franchir à moins de se précipiter dans l'eau du haut de la falaise et de mourir noyé !
Il y avait là des nids abandonnés, remplis de coquilles cassées et de plumes. Dédale en saisit une et dit :

« Minos peut bien nous interdire la terre et la mer, le ciel nous reste ouvert. C'est par là que nous trouverons notre chemin. S'il tient la terre sous ses lois, l'air ne lui appartient pas ! »

Ayant dit ces mots, il plaça plusieurs plumes les unes près des autres en commençant par les plus courtes et les attacha entre elles avec du lin et de la cire. Puis il les courba légèrement comme des ailes d'oiseau. Icare, pendant ce temps, tournait autour de son père en chantant, touchant tantôt le duvet des plumes, tantôt la cire dorée.

Une fois les deux paires d'ailes confectionnées, l'une pour lui, l'autre pour son fils, Dédale les attacha au dos d'Icare et lui donna ces conseils :

« Ne sors pas de l'espace situé entre la terre et le ciel. Trop bas, ton plumage risquerait d'être alourdi par l'eau. Trop haut, tu serais dévoré par la brûlure du Soleil. Mon fils, m'as-tu bien compris ? Prends-moi pour guide et tout ira bien. Tu me le promets ? »

Icare promit, impatient de s'élancer dans le ciel.

« Tu devras attendre cependant demain matin l'heure la moins chaude de la journée pour t'élever avec moi. En attendant, retire tes ailes et couche-toi, tu auras besoin de toutes tes forces demain. »

Et ils s'endormirent attendant l'aube avec impatience.

L'Envol

Au matin, Dédale fixa les ailes au dos d'Icare et l'embrassa pour la dernière fois. Puis il attacha les siennes et se lança dans le vide, suivi de son fils. Les voici tous les deux dans le bleu du ciel, passant au-dessus du Labyrinthe, puis du palais de Minos, survolant les champs où laboureurs et bergers croyaient voir des dieux veillant sur les humains.

Mais non, c'était Dédale et Icare survolant la mer désormais, en direction de la Sicile, dépassant les îles de Samos, Délos et Paros.

Et, toujours devant, Dédale se retournait fréquemment pour surveiller le vol de son fils qui se tenait derrière et suivait ses instructions.
Hélas, plus pour très longtemps.

La Chute d'Icare

Tout en battant des bras, Icare réfléchissait.

« Pourquoi toujours devrais-je obéir ? se demandait-il. Pourquoi voler bas comme les étourneaux et non pas en hauteur comme l'aigle royal regardant en bas le manège des petits hommes qui rampent misérablement sur terre ? Pourquoi ne pas m'élever plus haut dans le ciel et voir le domaine des dieux ? »

Alors l'imprudent, fier de son vol audacieux, abandonna son père pour s'élancer plus haut, toujours plus haut. Mais par la force de ses rayons, le Soleil dont Icare se rapprochait ramollit la cire qui servait de lien à ses ailes, si bien qu'elle se mit à fondre, les ailes perdant leurs plumes.

Icare agita alors ses bras, mais, n'ayant plus de plumage qui le soutenait comme deux rames, il n'était plus capable de voler. Sa bouche prononça le nom de son père, trois fois, mais Dédale ne l'entendit pas.

Ce fut ses dernières paroles avant de tomber dans la mer.

Les Funérailles d'Icare

Lorsqu'il se retourna, Dédale ne vit plus son fils dans le ciel. Alors il s'écria :

« Icare, Icare ! Où es-tu ? Dans quel pays irais-je te chercher ? Icare ! » répétait-il.

Mais, ne le trouvait pas.

Puis, scrutant des yeux la mer, il aperçut une forme blanche qui flottait à la surface : c'était les ailes de son fils. D'un battement, il s'en approcha et vit le corps de son enfant balancé par les vagues, noyé.

« Hélas, mon fils, soupira Dédale, après avoir échappé à une mort certaine dans le Labyrinthe, la mer sera-t-elle ton tombeau ? »

Dédale essaya plusieurs fois d'attraper la dépouille de son fils, mais qu'il était lourd, Icare, tout ruisselant d'eau ! Finalement, au prix de mille efforts, se mettant lui-même en danger, Dédale parvint à tirer son fils et à s'envoler jusqu'à l'île la plus proche. Là, il enterra Icare en pleurant amèrement.

Mais pendant que Dédale inhumait le corps de son enfant, une perdrix cachée sous les branches d'un arbre se mit à battre des ailes en piaillant de joie. Alors Dédale se souvint de Talos et comprit que les dieux l'avaient puni pour son crime. L'île n'était pas habitée. Aussi Dédale était-il obligé de repartir, exilé et solitaire, sans son fils pour l'accompagner. Il répara ses ailes qui avaient souffert du voyage et s'envola de nouveau, laissant derrière lui la tombe de son enfant.

Trois mille ans plus tard, l'île porte encore aujourd'hui le nom d'Icarie, en souvenir de la mort d'Icare.

Après un long vol solitaire, Dédale atterrit sain et sauf à Cumes en Sicile. Là, il édifia un sanctuaire en l'honneur d'Apollon, le dieu du Soleil et lui offrit comme présent, ses deux ailes sur lesquelles il écrivit toute l'histoire de sa vie. Mais lorsqu'il arriva à la mort de son fils, jamais il ne parvint à continuer d'écrire, tant ce souvenir lui était douloureux.

Chez Cocalos

Dédale se croyait en sécurité en Sicile, mais il ne l'était pas : Minos le cherchait partout. Il resta longtemps caché, évitant les grandes routes de peur d'être reconnu, jusqu'à trouver asile dans la ville de Camicos en Sicile, à la cour du roi Cocalos.

Le roi avait trois filles qui n'étaient pas mariées. Cocalos leur dit :

« Occupez-vous de notre hôte comme le sujet le plus important de ma cour. »

Et il nomma Dédale architecte en chef.

En quelques mois, la ville se transforma. Dédale construisit un temple dont la célébrité fit le tour de la Sicile et bien au-delà. Il inventa un système hydraulique permettant d'apporter l'eau jusque dans les salles de bains du palais. Enfin, il aménagea pour le roi, un coffre secret dans lequel Cocalos put soustraire son trésor aux voleurs.

Mais les espions de Minos ne manquèrent pas d'avertir le roi des transformations de la ville et Minos s'écria :

« C'est Dédale ! Je le tiens ! »

Et il décida de se rendre lui-même à Camicos pour retrouver son ennemi et le tuer.

Mais il ne savait pas où chercher car Dédale ne sortait jamais du palais.

Aussi Minos inventa cette ruse. Il posa une énigme à tous les savants de la ville :

« Comment faire passer un fil à l'intérieur d'une coquille de bigorneau sans la briser ? » demandait-il.

Mais personne ne trouvait la réponse, jusqu'à ce que l'énigme parvienne aux oreilles de Cocalos qui demanda à Dédale la solution.

« Rien de plus facile », répondit-il.

Il attacha le fil à une fourmi et la fit entrer dans la coquille. Le roi alors, triomphant rapporta la coquille à Minos pour lui annoncer :

« J'ai trouvé, regarde ! »

Minos lui répondit :

« C'est toi qui a trouvé la solution ? Ou bien est-ce Dédale que tu caches ? »

Et comme Cocalos ne savait pas quoi répondre, Minos continua :

« Considère Dédale comme mon prisonnier et livre-le moi sans tarder sans quoi je fais appel à mon armée pour raser ta ville. »

Mais Cocalos s'était engagé à protéger Dédale quoi qu'il arrive, aussi conçut-il cette ruse : il invita Minos à passer une nuit au palais, et le fit ébouillanter pendant le bain. Ainsi mourut l'un des rois les plus célèbres de l'Antiquité.

Dédale continua à vivre de nombreuses années à la cour du roi Cocalos et l'on n'entendit plus jamais parler de lui.

Ainsi se termine l'histoire de Dédale, le rusé ingénieur, et d'Icare, son fils, puni par les dieux pour avoir voulu voler plus haut que les autres hommes.

MER ÉGÉE
Athènes
Samos
Icarie
Délos
Paros
Crète
Cnossos

Thésée et le Minotaure

Thésée et le Minotaure

L'Enfance de Thésée

Parmi tous les héros de la Grèce antique, Thésée tient une place importante aux côtés d'Héraclès, Ulysse ou Jason. Et pourtant ! Qui aurait pu deviner que ce petit garçon, élevé seul par sa mère et vivant à Trézène, à des dizaines de kilomètres d'Athènes, serait un jour un grand roi ? Son père peut-être le savait. Mais pendant des années, Thésée ne sut rien de lui, même pas son nom.

« Tu le découvriras, lui disait Aethra, sa mère, le jour où tu seras suffisamment sage, fort et intelligent pour l'apprendre. En attendant, sache seulement que tu es le fils d'un roi. »

L'année de ses sept ans, il arriva une aventure qui montra à tout le monde que le courage de Thésée était celui d'un petit prince. Un soir, Pitthée, son grand-père maternel, lui dit :

« Héraclès nous fait l'honneur d'être notre invité. Aussi, je te demande de jouer tranquillement dans la pièce à côté, avec tes amis. C'est bien compris ? »

Thésée assura qu'il ne dérangerait personne mais, lorsqu'il entendit la grosse voix d'Héraclès, il ne put s'empêcher de dire à ses amis :

« Venez avec moi sans faire de bruit. Nous allons voir à quoi ressemble le héros le plus connu de toute la Grèce. »

Or Héraclès avait retiré la peau de lion qui lui recouvrait habituellement les épaules. Lorsqu'ils entrèrent dans la salle où se tenait le repas, les enfants tombèrent sur la gueule grande ouverte du lion qui semblait leur jeter des regards féroces. Ils s'enfuirent en hurlant. Mais Thésée, s'emparant d'une épée, se jeta sur le lion et il l'aurait mis en pièces si Héraclès ne l'avait pas arrêté :

« C'est cette tête de lion, dit Thésée. J'ai cru qu'elle nous attaquait.

– Ho ! Ho ! voilà un petit garçon bien courageux !

– Un jour, lui répondit Thésée, je serai aussi fort que toi ! »

Puis, se tournant vers sa mère, il ajouta :

« Maman ! Maintenant que je me suis montré courageux, peux-tu me dire qui est mon père ?

– Non, mon fils, tu es trop jeune encore et pas assez sage. Le jour où tu te montreras aussi sage que fort et courageux, je te le dirai. »

Or ce jour arriva. Thésée était alors âgé de seize ans.

« Le temps est venu de te mettre à l'épreuve, lui dit sa mère. Si tu la surmontes, tu sauras qui est ton père. »

Aethra mena son fils jusqu'à un énorme rocher :

« Soulève cette pierre et vois ce que ton père a caché dessous. »

Thésée poussa la pierre et trouva une paire de sandales et une épée.

« Prends-les, lui dit sa mère, et retournons à la maison. Il est temps pour toi de connaître les origines de ta naissance. »

Et c'est ainsi que commença l'extraordinaire histoire de Thésée.

Thésée apprend qui est son père

Assise auprès du feu, sa mère lui conta ceci :

« Un soir, alors que tu n'étais pas encore né, un homme se présenta aux portes de notre palais et demanda l'hospitalité pour la nuit. Pitthée, ton grand-père, le reçut. Lorsque l'étranger retira sa cape, tout le monde reconnut Égée, le roi d'Athènes.

À l'époque, c'était un homme malheureux parce qu'il ne pouvait pas avoir d'enfants. Il revenait de Delphes où il avait demandé conseil à la Pythie, un oracle qui prédit l'avenir.

– Et que lui avait-elle dit ? demanda Thésée.

– La Pythie parle toujours de manière obscure et Égée ne la comprit pas.

Toujours est-il que pendant la nuit, Égée, que mon père, Pitthée, avait fait beaucoup boire, me considéra comme sa femme. Au matin, il me dit :

" Si l'enfant que tu auras de moi est un fils, comme je le crois, tu lui diras de soulever cette pierre dans ton jardin où j'ai caché des choses pour lui. "

Ensuite il repartit pour Athènes.

– Ainsi, mon père est Égée, le roi d'Athènes. Mais pourquoi m'a-t-il abandonné ?

– Ton père ne t'a pas abandonné. S'il ne t'a pas appelé près de lui, c'était afin de te protéger.

– Mais je n'ai peur de personne !

– Mon pauvre enfant ! Tu es aujourd'hui un homme. Mais comment aurais-tu pu te défendre dans ton berceau contre les cinquante Pallantides ?

– Les cinquante quoi ?

– Les Pallantides. Ce sont tes cousins, les fils de ton oncle, Pallas. Ils sont cinquante et espèrent devenir roi lorsque ton père sera mort.

– Impossible ! C'est moi l'héritier du trône.

– Personne ne connaît ton existence, excepté ton père et moi. Il te reste beaucoup de chemin à parcourir pour suivre les traces de ton père. C'est pourquoi il t'a laissé ces sandales.

– Et cette épée pour me battre contre mes ennemis.

– Cette épée te servira également à te faire reconnaître de ton père. Va à sa cour sans dire ton nom à personne. Sous aucun prétexte. Mais quand tu rencontreras Égée, montre-lui cette épée et il saura qui tu es. »

Le Départ vers Athènes

Dès que Thésée sut qui était son père, il partit pour Athènes afin de s'y faire reconnaître.

« Mon enfant, lui dit son grand-père, ta décision est celle d'un homme courageux. J'ai préparé pour toi le plus solide de mes bateaux afin que tu puisses te rendre à Athènes par la mer. C'est le plus sûr des chemins. Il y a bien la route qui longe la côte. Mais je ne te la conseille pas. Elle est infestée de brigands tous plus cruels les uns que les autres.

– Je croyais qu'Héraclès les avait chassés.

– Ils ont profité de son absence pour revenir. Et depuis, ils prospèrent en toute impunité. En prenant la mer, tu éviteras ainsi Périphétès, le porteur de massue, Sinis, le ployeur de pin, la truie de Crommyon, Sciron les pieds sales, Cercyon, le lutteur et Procruste et ses lits de douleur. »

La sagesse parla dans le cœur de Thésée et il décida de prendre la mer. Cependant, une fois la nuit tombée, Thésée se tournait et se retournait dans son lit.

« À quoi bon les sandales et l'épée de mon père si je ne m'en sers pas ? pensait-il. Est-ce que le fait de porter son épée fait de moi un roi ? Pas du tout !

Héraclès, lui, n'aurait jamais pris la voie de la mer. Il aurait affronté un à un ces terribles brigands et il les aurait tués ! Que pensera-t-on de moi si l'on apprend que je me suis caché au fond d'un bateau ? »

Au matin, sa décision était prise, tout autre que celle de la veille : il passerait par la route, aussi dangereuse soit-elle !

Périphétès, le porteur de massue

Thésée dut d'abord traverser la ville d'Épidaure.

« Des brigands ? pensait-il. Pour l'instant, je n'ai vu que de paisibles moutons et de tranquilles bergers. »

Thésée voulait s'illustrer dans des combats, il allait être exaucé au-delà de ses espérances. Un peu en avant sur la route, il croisa un homme qui boitait.

« Voilà sûrement quelqu'un qui aura besoin de mon aide, pensa-t-il. Si je ne trouve personne avec qui me battre, au moins j'aurai fait le bien sur mon chemin. »

« Oh ! l'ami ! appela-t-il. Je vois que tu es fatigué et que tu marches avec peine. As-tu besoin d'aide ? Veux-tu que je te soutienne de mon épaule qui est robuste ?

– Tu es bien aimable, l'étranger. Ma jambe gauche est un peu faible, vois-tu ? Aussi, je dois me soutenir à l'aide de cette canne.

– Une canne ? On dirait plutôt une massue de bronze !

– Tu as raison, étranger ! En fait de canne, je m'appuie sur une massue. Tu veux savoir pourquoi ? Oui ? Je vais te montrer sans attendre ! »

Ayant dit ces mots, Périphétès se précipita sur Thésée pour l'assommer. Mais, plus rapide, celui-ci sortit son épée et lui perça le cœur.

« Voilà le don de mon père bien utilisé, pensa-t-il. Mais prenons également la massue de ce traître, elle pourrait m'être utile par la suite. »

Thésée arracha des mains de Périphétès sa massue et continua son chemin. Venant à sa rencontre, les paysans le remerciaient :

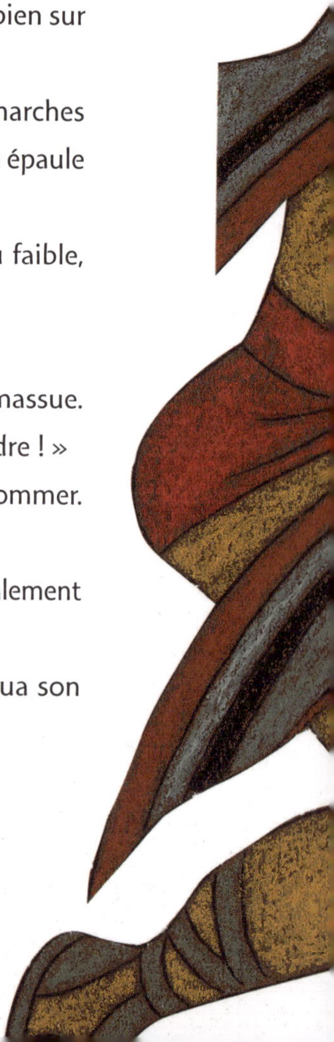

« Voilà des années que ce monstre assommait les passants pour les voler ! Tu nous en as débarrassé ! Sois remercié, l'étranger ! »

« Héraclès n'aurait pas fait mieux », pensa Thésée, très fier de lui.

Sinis, le Ployeur de pin

Traversant l'isthme de Corinthe, Thésée fut confronté à la scène la plus terrible qui lui ait été donné de voir. Un géant avait attrapé un voyageur solitaire qu'il tenait sous son bras. De l'autre main, il avait courbé jusqu'à terre un pin qu'il coinçait sous son pied. Ensuite, il plia un second pin de manière à former une croix avec les deux arbres. Puis il y attacha le malheureux qui hurlait de terreur. À la vue de cet atroce spectacle, Thésée se décida aussitôt à intervenir. Il bondit sur le géant, le fit tomber et, grimpant sur sa poitrine, il plaça la pointe de son épée sur sa gorge.

« Ignoble géant, lui dit-il, c'est toi maintenant qui vas prendre la place de l'homme que tu voulais torturer. »

Sous la menace de l'épée, Sinis se releva, détacha le voyageur et prit sa place. D'un grand coup, Thésée trancha la corde qui retenait les pins. Libérés de leurs entraves, les deux arbres se déployèrent comme deux catapultes et le corps du géant fut projeté en quatre morceaux dans la campagne. Voyant à quel supplice il avait échappé, le voyageur remercia Thésée à genoux.

« Étranger, lui dit-il, dis-moi ton nom et je raconterai à tout le monde que tu nous as délivrés de Sinis, le Ployeur de pin. »

Se souvenant des recommandations de sa mère, Thésée lui répondit :

« Je n'ai pas le droit de te révéler mon nom. Mais tu peux dire partout que les exploits de l'étranger armé d'une épée et d'une massue de bronze valent ceux d'Héraclès. »

La Truie de Crommyon

Fort de ses victoires, Thésée cherchait sur sa route de nouveaux adversaires à combattre. Il pensait aux exploits d'Héraclès :

« C'est le hasard qui m'a mis sur le chemin de ces voleurs. Héraclès, lui, ne se serait pas satisfait de cela. Tâchons de trouver ici un brigand à provoquer, ou mieux, une bête féroce à tuer. »

De passage dans la ville de Crommyon, il demanda aux habitants de lui indiquer la bête la plus féroce qu'ils connaissaient.

« Assurément, répondirent-ils, c'est la truie de Phaïa, la vieille sorcière.

– Voulez-vous que je lui coupe la tête ?

– Occupe-toi plutôt de sa truie ! Elle dévore les enfants qui passent près de son auge ! »

Parfois les pires monstres ne sont pas les plus difficiles à combattre. Il suffit de ne pas en avoir peur. Thésée se cacha dans un buisson sur le bord du chemin où passait la truie de Crommyon. Au bout d'une heure d'attente, elle arriva enfin. Thésée ne lui laissa aucune chance.

Il bondit du fourré en hurlant pour l'effrayer et lui trancha la gorge sans hésiter. Les habitants de Crommyon donnèrent un grand banquet où ils mangèrent la truie en prenant soin de garder des jambons et des saucissons pour l'hiver.

Sciron les pieds sales

En continuant dans la direction de Mégare, Thésée arriva jusqu'à un lieu appelé « les Roches Scironiennes ». La route, de plus en plus étroite, était creusée dans la falaise, au-dessus de la mer. S'avançant prudemment, Thésée aperçut un homme assis au travers du chemin.

« Étranger, dit-il à Thésée. Aurais-tu pitié d'un pauvre homme qui n'a plus de force ?

– Ami, lui répondit Thésée, sers-toi de mon bras si tu veux marcher !

– Hélas ! étranger, il ne s'agit pas de cela. Regarde mes pieds. Ils sont noirs comme du charbon. Je n'ai pas la force de les laver. Pourrais-tu le faire à ma place ? »

Le sang de Thésée ne fit qu'un tour. Il avait reconnu Sciron les pieds sales. Sortant son épée, il lui dit :

« Debout, c'est toi qui vas me laver les pieds !

– Étranger, sois clément avec un pauvre homme comme moi !

– Toi, Sciron, un pauvre homme ? On m'a raconté ton horrible manie !

Tu demandes à ce qu'on te lave les pieds, mais en vérité, tu en profites pour pousser les gens du haut de la falaise.

– Mensonges que tout cela ! Et même si c'était vrai, regarde : que vois-tu en bas de ces falaises ? Des rochers ? Non ! La mer ! Il n'y a aucun danger à sauter dans la mer !

– Fourbe ! Je te reconnais bien là ! Tu oublies de dire qu'au fond de l'eau se cache une tortue géante et affamée. Pour te punir, tu subiras le même sort que celui que tu infligeais aux voyageurs. Saute, si tu ne veux pas que je te tranche la tête. »

Sciron sauta et l'on n'entendit plus jamais parler de lui.

Cercyon, le lutteur

Plus loin, dans la ville d'Éleusis, Thésée croisa Cercyon, le Lutteur, qui l'apostropha violemment :

« Toi, l'étranger ! Laisse donc ta massue et ton épée et voyons ce que tu vaux, armé de tes seuls poings. »

Thésée releva le défi et engagea un terrible combat avec Cercyon, un brigand bien connu dans la région. Au bout d'une heure de lutte, Thésée attrapa son adversaire par les genoux, le souleva dans les airs et le précipita contre un rocher.
Cercyon ne se releva plus jamais et Thésée continua son chemin.

PROCRUSTE
ET SES LITS DE DOULEUR

« Héraclès n'aurait pas fait mieux que moi, pensait Thésée. Maintenant, il me tarde d'atteindre Athènes et de retrouver mon père. »

Une autre épreuve l'attendait. Sur le bord de la route se trouvait l'auberge du brigand Procruste. Il utilisait des lits pour torturer les voyageurs. Il forçait les hommes de grande taille à s'allonger sur le petit lit et, pour les mettre à la bonne dimension, il leur coupait les pieds. Il forçait les hommes de petite taille à se coucher sur le grand lit et les étirait violemment pour les allonger. Ainsi Thésée, qui était de haute taille, aurait dû avoir les pieds tranchés par ce monstre ? Il ne lui en laissa pas l'occasion. Il lui trancha la tête.

L'Arrivée à Athènes

Enfin, Thésée atteignit le but de son voyage, Athènes. Avant de pénétrer dans la ville, alors qu'il franchissait la rivière Céphise, les villageois vinrent au-devant de lui. Quel chaleureux accueil ! Thésée demanda au prêtre du village de le purifier des meurtres qu'il avait commis, puis il sacrifia aux dieux un mouton. Ses devoirs accomplis, il put alors festoyer avec ses hôtes. Le héros leur raconta ses exploits mais il se garda bien de dire son nom. Sage précaution, car dans le palais d'Égée, on conspirait déjà sa mort.

Il faut dire que depuis quelques années déjà, toute la ville était dans la confusion à cause de Médée, la magicienne. Elle qui, autrefois, n'avait pas hésité à découper son frère en morceaux pour fuir avec Jason, avait depuis commis d'autres crimes tout aussi horribles. En voici un parmi tant d'autres : pour se venger d'une femme qui convoitait sa place auprès de Jason, elle lui offrit une robe splendide, mais magique.

À peine la malheureuse l'avait-elle enfilée qu'elle s'enflamma, mettant en même temps le feu à tout le palais de Jason. De peur d'être mise à mort, Médée s'enfuit à Athènes pour demander la protection d'Égée. En échange, elle lui promit un fils et elle tint sa promesse.

« Mon père est donc marié à cette magicienne. Et ils ont un fils, c'est-à-dire un héritier. Voilà qui ne va pas me faciliter la tâche », pensa Thésée.

Thésée retrouve son père

Dans la salle du palais réservée à ses tours de magie, Médée vit clairement apparaître le visage de Thésée dans son urne divinatoire. Elle mesura sa force et la puissance de sa détermination. Et elle eut peur, pour elle et pour son fils.

Elle alla trouver Égée, son mari, pour lui dire :

« J'ai vu qu'il y a, non loin d'ici, un jeune homme fort désireux de prendre ta place. Méfie-toi, sa ruse est égale à sa force. »

Égée écoutait tout ce que sa femme lui disait.

« Dis-moi ce que je dois faire, demanda-t-il.

– Organise un banquet et fais-le inviter. Pendant le repas, tu lui donneras à boire une coupe de vin empoisonné. Et nous serons débarrassés de lui. »

Le lendemain, Égée organisa donc un grand banquet. Lorsque Thésée entra dans la salle, Médée poussa du coude son mari et lui dit discrètement :

« C'est lui ! »

« Que ce jeune homme fait plaisir à voir, pensa le roi. Dommage qu'il faille le tuer ! »

Aussitôt, Médée lui passa la coupe empoisonnée. Le roi la tendit à Thésée en disant :

« Bois, étranger ! Ce vin est de ma meilleure vigne !

– Volontiers, répondit Thésée. Mais je veux accompagner ce vin d'un bon morceau de viande. »

En disant cela, il sortit son épée de son fourreau. À la vue de l'arme, Égée poussa un cri et renversa la coupe empoisonnée.

« Thésée, mon fils ! Te voilà enfin ! »

Et le bon roi serra très fort son fils entre ses bras. Thésée ne put s'empêcher de pleurer : au bout de tout ce chemin, il avait enfin retrouvé son père.

Quant à Médée, pour la punir d'avoir voulu éliminer son fils, Égée la bannit de son royaume, elle et leur enfant.

Les cinquante Pallantides

Mais si Thésée s'était fait reconnaître de son père, il lui restait encore beaucoup de chemin à parcourir pour prétendre être roi. Quand Égée présenta à tout Athènes son fils, les cinquante Pallantides, qui avaient toujours espéré conquérir le pouvoir après la mort du roi, se rebellèrent. Ils décidèrent d'attaquer Égée et de les tuer, lui et son fils. Ils formèrent deux armées.

L'une devait donner l'assaut à la ville pendant que l'autre attendrait dans un bourg voisin pour attaquer par surprise. Mais il se trouvait parmi leurs combattants un espion du nom de Léos qui vint prévenir le roi d'une attaque toute proche. Thésée prit la tête des troupes de son père et partit combattre les rebelles. Voyant cela, le reste des troupes s'éparpilla dans toute la campagne et l'on n'entendit plus jamais parler des cinquante Pallantides.

L'arrivée du roi Minos

Un matin que Thésée était assis sur le trône de son père, on annonça Minos, le roi de Crète, accompagné de nombreux gardes.

« Bienvenue, Minos ! Je suis heureux de te rencontrer, dit Thésée.

– Écarte-toi : c'est au roi d'Athènes que je veux parler.

– Je suis son fils, Thésée, et tu peux me parler en toute confiance.

– Je ne suis pas ici pour parler mais pour prendre ce qui me revient. Dis à ton père que je repasserai demain matin pour venir chercher ce qu'il me doit. »

Sur ces mots, Minos quitta le palais. Dans la salle du trône, la consternation régnait, mais personne n'osait donner d'explication à Thésée.

« Père, demanda Thésée, qu'est-ce que Minos est venu chercher qui soit si grave que personne n'ose répondre à mes questions ? »

Égée baissa les yeux et répondit tout bas :

« Hélas, mon fils ! Tu ne connais pas la terrible histoire du Minotaure. Je vais te la raconter. Écoute plutôt. »

L'Histoire du Minotaure

« Il y a trois ans de cela, un des fils de Minos appelé Androgée était venu à Athènes pour participer à un concours que j'avais organisé. Cet Androgée était un athlète remarquable. Il vainquit tous ses adversaires et remporta toutes les épreuves. J'avoue, mon fils, que je conçus contre lui une terrible jalousie. Et, la passion envenimant mon cœur, je voulus le tuer plutôt que de célébrer ses victoires. Aussi je l'envoyai combattre un taureau vicieux, dans la ville de Marathon, pour le mettre à l'épreuve. Le valeureux athlète échoua et mourut. Je regrettai mon geste alors, mais il était trop tard. Apprenant la nouvelle de sa mort, Minos, son père, voulut le venger. Il attaqua notre ville mais ne réussit pas à la prendre. Sans doute aurions-nous pu résister encore et peut-être même gagner. Mais tu connais le nom du père de Minos : Zeus, le dieu des dieux ! Aussi, lorsque Minos pria son père, celui-ci envoya sur Athènes une famine et une peste qui firent de terribles ravages parmi nous. L'oracle que je consultai fut formel : pour mettre fin à cette guerre, il fallait accepter de donner à Minos ce qu'il voulait. Je m'y résolus et allai voir Minos pour lui accorder ce qu'il désirait. Mais par Zeus ! Jamais je n'aurais dit oui si j'avais su !

– Père, demanda Thésée très inquiet, que voulait donc Minos ?

– Minos exigea que tous les neuf ans, à la même époque, la ville lui livre sept jeunes hommes et sept jeunes filles, sans armes et sans défense.

– Pour en faire des esclaves ?

– Si ce n'était que cela ! Non ! Les quatorze jeunes gens que tu verras partir demain seront donnés en pâture au plus terrible des monstres que la Crète connaisse. Demain, ces quatorze garçons et filles seront dévorés par le Minotaure ! »

Lorsqu'il prononça ce mot de Minotaure, tous les serviteurs de la chambre poussèrent un cri.

« Père ! demanda Thésée. Qui est le Minotaure ?

– On donne le nom de Minotaure à un monstre qui a le corps d'un homme mais la tête d'un taureau. À sa naissance, le roi a fait construire un gigantesque Labyrinthe à l'intérieur duquel il a enfermé la bête. Et voilà que pour la troisième fois nous devons lui donner en pâture quatorze de nos enfants.

– Cette année, je prendrai la place de l'un d'eux, affirma calmement Thésée, et je tuerai le Minotaure. »

Le lendemain, Thésée rassembla tous les Athéniens sur la place du palais et leur parla en ces termes :

« Moi, Thésée, fils du roi d'Athènes et futur roi de la ville, je prendrai la place de l'un de vos enfants. »

Toutes les familles se réjouirent car il n'y avait plus que six jeunes gens à désigner. Thésée continua :

« Ayez confiance ! Je tuerai le taureau. Aussi, je vous le demande : qui veut venir avec moi ? »

Les familles connaissaient les exploits de Thésée, mais personne ne songeait à envoyer leur fille ou leur fils à une mort quasi certaine. Aussi, Thésée dut tirer au sort ceux et celles qui l'accompagneraient.

Le Départ vers l'île de Crète

Au fond de lui, Égée était certain de ne plus jamais revoir son fils. Personne n'avait jamais réussi à sortir de ce Labyrinthe. Mais au moment du départ, alors que les enfants pleuraient sur leur sort, il donna à son fils deux voiles. L'une noire, pour l'aller, et l'autre blanche, pour le retour.

« Mon fils, dit le vieux roi, cette voile blanche sera un signe pour moi. Quand je la verrai, cela voudra dire que tu es bien vivant. »

Ayant levé la haute voile noire, symbole du funeste voyage, le bateau quitta Athènes pour la Crète.

Le voyage se passa sans encombre. Beaucoup de jeunes gens auraient préféré mourir dans une tempête plutôt que d'être dévorés par le Minotaure. Mais le bateau aborda l'île de Crète et Minos conduisit tous les prisonniers jusqu'au Labyrinthe.

« Je vous livrerai au Minotaure demain matin, leur dit-il. En attendant, je vous ai préparé une prison confortable pour votre dernière nuit. Tâchez de vous reposer et, qui sait, peut-être parviendrez-vous à échapper au Minotaure... »

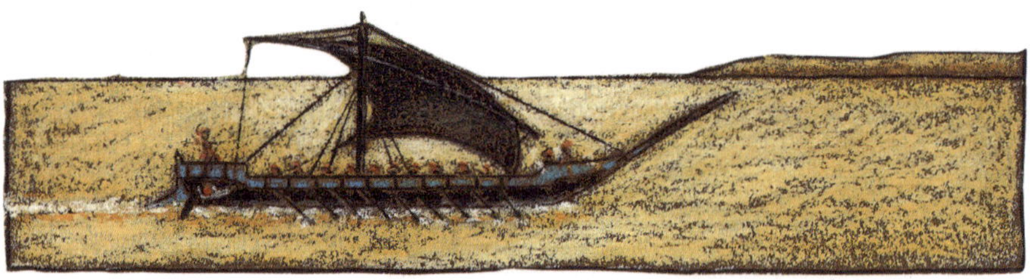

Ariane au secours de Thésée

À présent, les jeunes gens dormaient, épuisés par la peur et le chagrin. Seul, Thésée veillait.

« Comment faire pour nous sauver de là ? pensait-il. Même si j'arrive à tuer le Minotaure, je ne parviendrai jamais à retrouver le chemin de la sortie. Il ne me restera plus qu'à mourir de faim... »

Il en était là de ses réflexions lorsqu'il vit, à travers la porte, un œil qui l'observait.

Ce n'était pas un œil méchant de gardien, non, c'était un beau regard profond qui le dévisageait.

« Qui es-tu ? demanda-t-il.

– Je suis Ariane, répondit une douce voix derrière la porte. L'une des filles de Minos.

– Je vois, dit Thésée, tu es venue contempler les condamnés.

– Tu te trompes, Thésée. Je suis venue pour t'aider.

– Je n'ai pas besoin de ton aide, fille d'un roi cruel.

– Écoute plutôt, la ruse du Minotaure est immense. Il te laissera entrer au plus profond de son palais fait de milliers de chambres, de couloirs et de cours. Alors, quand tu ne sauras plus du tout où tu es, il se jettera sur toi par surprise.

– Perfide Ariane ! Tu m'enlèves mes derniers espoirs !

– Perfide, moi ? Regarde plutôt par le trou de la serrure et vois si je ressemble à une perfide princesse ! »

Ariane se recula et Thésée put la voir. Aussitôt, il en tomba amoureux.

« Belle Ariane, dit-il, assurément tu n'as rien d'une princesse perfide. Ainsi tu veux bien m'aider ?

– Je veux t'aider, oui, car je t'ai aimé à l'instant même où je t'ai vu, lorsque tu as débarqué en Crète. Avant de venir ici, je me suis rendue chez Dédale, l'architecte qui a conçu ce Labyrinthe, pour lui demander conseil. Il m'a remis ceci. »

Ariane passa à travers la serrure une bobine de fil.

« Tu la dérouleras derrière toi, continua-t-elle. Comme ça, tu n'auras qu'à suivre le fil pour sortir du Labyrinthe. »

Thésée dans le Labyrinthe

Le lendemain matin, Thésée entra le premier dans le Labyrinthe. D'une main, il tenait la bobine de fil qu'il laissait se dérouler derrière lui. Parfois son chemin le menait jusqu'à des couloirs éclairés par des feux ; parfois, à des cours ouvertes sur le ciel. Toutes les chambres semblaient identiques avec le même nombre de portes, les mêmes fresques sur les murs. Mais grâce au fil d'Ariane, Thésée avançait avec assurance. Au bout de plusieurs heures de marche, il entendit les ronflements du Minotaure. Sans bruit, il s'approcha de la chambre du monstre. Au fond de son trou, la bête dormait.

« Je vais l'étrangler pendant son sommeil », se dit Thésée. Au même moment, des cris angoissés résonnèrent dans tout le Labyrinthe. C'étaient les hurlements des jeunes gens que Minos avait maintenant forcés à entrer dans le royaume du Minotaure. La bête ouvrit les yeux et se redressa.

Thésée aussitôt se jeta sur le monstre, les poings en avant. Le combat dura longtemps mais le Minotaure, qui n'avait pas été habitué à se battre, finit par périr sous les coups de Thésée. Alors, pour prouver à tous qu'il avait bien tué la bête, et suivant le fil qu'il avait déroulé, Thésée sortit du Labyrinthe en traînant derrière lui le Minotaure.

Ariane et lui étaient convenus d'un accord : s'il sortait vivant du Labyrinthe, il devait s'enfuir avec elle et l'épouser dès son arrivée à Athènes. Aussi, Ariane avait-elle préparé le bateau de Thésée qu'elle avait fait remplir de vivres.
Et quand Minos trouva à l'entrée du Labyrinthe la dépouille du Minotaure, Thésée et Ariane étaient déjà hors d'atteinte.

Ariane abandonnée

Sur le chemin du retour se trouvait l'île de Naxos. Thésée décida d'y débarquer pour y puiser de l'eau. La nuit n'était pas loin de tomber, et comme il faisait doux, Ariane avait décidé de dormir sur la plage. Elle s'allongea et s'endormit aussitôt. Or, Dionysos, le dieu du vin, était au même moment descendu sur l'île. Quand il vit la belle Ariane, il tomba éperdument amoureux d'elle et voulut l'enlever sur son char. Mais il réfléchit et se dit :

« Ariane est follement éprise de Thésée. Si je les sépare, elle me détestera ! Et je ne veux pas qu'elle me déteste, je veux qu'elle m'aime. Comment faire ? »

Il trouva rapidement la solution, vola jusqu'au bateau de Thésée et déclara :

« Thésée, j'ai trouvé Ariane endormie sur la plage et me voilà fou amoureux. »

Thésée fronça les sourcils, car lorsqu'un dieu s'éprend d'un humain, les choses se passent toujours mal.

« Aussi, voici ce que tu vas faire, continua Dionysos. Dès que j'aurai fini de parler, tu lèveras l'ancre et tu repartiras pour Athènes sans Ariane.

– Et si je refuse ?

– Je transformerai les rames de ton bateau en serpents et vous accablerai de tant d'autres maux que vous aurez toutes les chances de devenir fous. »

Thésée s'était battu contre le Minotaure ; il s'était engagé à ramener vivants les enfants d'Athènes. Il ne pouvait prendre le risque de contrarier Dionysos.

La mort dans l'âme, il leva l'ancre, abandonnant Ariane sur l'île de Naxos. Quand elle vit, au matin, la voile du bateau se détacher de l'horizon, Ariane éclata en sanglots. Thésée l'avait abandonnée ! Aussi, lorsque Dionysos apparut sur son char merveilleux, conduit par des panthères, elle n'eut aucun mal à se laisser convaincre de le suivre. Parvenu jusqu'à l'Olympe, le royaume des dieux, Dionysos l'épousa et lui offrit en cadeau de mariage un diadème en or.

Le Retour de Thésée à Athènes

Pendant ce temps, Égée guettait le retour de Thésée. Était-il vivant ? À Athènes, personne n'en savait rien. Un matin, alors que tous dormaient, deux serviteurs sonnèrent l'alerte.

« Maître ! Un bateau à l'horizon ! »

Égée se hâta de monter au sommet du palais pour tâcher de voir le bateau. C'était bien lui : la proue, reconnaissable entre mille, se détachait nettement de l'horizon. Malgré cela, le cœur d'Égée demeurait toujours pétri d'angoisse. Ses yeux n'étaient pas suffisamment perçants pour voir tous les détails. Ce qu'Égée voulait savoir, c'était la couleur de la voile du bateau. Blanche, Thésée était vivant ; noire, il était mort.

La Mort d'Égée

Sur le bateau qui le menait à Athènes, toute voile dehors, Thésée ne parvenait pas à se réjouir vraiment de son retour. Bien sûr, il allait retrouver son père et son royaume car il avait prouvé à tous que ses exploits étaient dignes d'un roi. Mais il avait dû abandonner Ariane, la femme qu'il aimait. Et depuis, il ne s'intéressait à rien et devenait même étourdi. Ses hommes le voyaient marcher sans but, l'air totalement absent. Alors qu'il se promenait sur le pont, perdu dans ses tristes pensées, son pied s'accrocha aux lanières d'un grand sac. Il l'ouvrit : le sac contenait la voile blanche que son père lui avait donnée pour son retour victorieux. Tout à coup, Thésée fut pris d'angoisse. Si la voile blanche était dans ce sac, de quelle couleur était celle accrochée au mât ?

Égée justement, interrogeait ses serviteurs :

– Êtes-vous sûrs que la voile du bateau de mon fils est noire ?

– Assurément, maître, elle est noire comme la nuit.

– Alors mon fils est mort ! se lamenta le roi. Que m'importe de vivre si ce n'est aux côtés du fils que j'avais retrouvé. »

Et disant ces mots, il enjamba le mur de la terrasse et se précipita du haut de la falaise dans la mer qui depuis porte son nom : la mer Égée.

C'est ainsi que se termine l'histoire de Thésée et du Minotaure. Après avoir célébré de grandioses funérailles à la mémoire de son père, Thésée devint roi de toute l'Attique. Il fit battre monnaie et sépara la société en trois classes : les Nobles, les Artisans et les Cultivateurs. On le dit à l'origine de la Démocratie. Minos, quant à lui, rendu furieux par la mort du Minotaure et la fuite d'Ariane, se vengea sur Dédale. Il l'enferma, lui et son fils Icare, dans le Labyrinthe, mais sans fil cette fois-ci.

Dédale, qui n'était jamais à court d'idée, confectionna deux paires d'ailes pour son fils et lui, avec des plumes et de la cire. Mais alors qu'ils avaient réussi à s'envoler bien au-dessus du Labyrinthe, Icare s'approcha trop du soleil. Ses ailes fondirent et il tomba dans la mer, près de l'île de Samos.

Thésée vécut encore de nombreuses années et d'extraordinaires aventures. Pour tous, il devint aussi célèbre qu'Héraclès, le héros qu'il avait tant admiré dans son enfance.

MER ÉGÉE
Delphes
Mégare
Athènes
Corinthe
Épidaure
Trézène
SAMOS
NAXOS
CRÊTE

Jason et la Toison d'or

Jason et la Toison d'or

La Toison d'or

Il était une fois en Grèce, au bord de la mer Égée, une ville qui s'appelait Iolcos, capitale de la Thessalie. Son vieux roi avait deux fils. Le jour de sa mort, suivant la tradition, il légua son pouvoir à Aeson, son fils aîné. Mais Pélias, son second fils, voulait lui aussi régner sur la ville. Il prit les armes contre son frère et le chassa du palais. Le pauvre Aeson dut s'installer avec sa femme en dehors de la ville, pas trop loin cependant, car Pélias voulait le surveiller. Ce que ce dernier ne savait pas, c'est que la femme d'Aeson attendait un enfant. Quand elle le mit au monde, elle le confia au centaure Chiron qui l'emmena loin de la ville. Si Pélias avait connu l'existence de ce petit garçon, sans doute aurait-il cherché à le tuer pour éviter que, plus tard, celui-ci ne lui réclame le trône de son père. Cet enfant portait le nom de Jason.

Les années passèrent.

Un jour qu'il avait organisé, sur la plage, une grande fête en l'honneur de Poséidon, le dieu de la mer, Pélias remarqua dans la foule un jeune homme vêtu curieusement d'une peau de panthère et chaussé d'une seule sandale. Son sang ne fit qu'un tour car un oracle lui avait dit de se méfier d'un homme qui ne porterait qu'une chaussure. Pélias s'approcha de l'étranger et lui demanda :

« Jeune homme, pourquoi ne portes-tu pas tes deux sandales aux pieds ?

– J'en ai perdu une en traversant la rivière.

– Jeune homme, dis-moi ton nom, celui de ton père, et la raison pour laquelle tu es venu à Iolcos.

– Mon nom est Jason. Je suis le fils d'Aeson, le vrai roi de cette ville, que Pélias, le traître, a honteusement chassé. J'ai été élevé à la campagne par Chiron le centaure. Aujourd'hui, j'ai l'âge d'être roi. Et je suis venu à Iolcos pour réclamer le trône qui me revient.

– Tu me sembles bien jeune pour régner », répondit Pélias.

Puis, se tournant vers la foule, il ajouta :

« Écoutez tous, mes amis ! Écoutez la question que je pose à ce jeune homme et voyez si sa réponse est celle d'un roi. Dis-moi, Jason, si tu étais roi et qu'un étranger veuille prendre ta place, que ferais-tu ?

– Je lui offrirais mon trône à la seule condition qu'il me rapporte la Toison d'or. »

Comme il y avait dans la foule de nombreuses personnes qui ne connaissaient pas le mythe de la Toison d'or, Jason leur raconta cette histoire :

« Il y a très longtemps, un roi nommé Athamas avait décidé d'offrir aux dieux ses deux enfants en sacrifice. Son fils s'appelait Phrixos et sa fille Hellé. Aucun dieu n'aurait voulu un tel sacrifice, mais Athamas était si entêté que Zeus lui-même, le plus grand des dieux, décida d'intervenir. Il envoya aux deux enfants un bélier ailé à la toison d'or qui les emporta loin de leur terrible père. Après un long voyage dans les airs, l'équipage arriva en Colchide où régnait Aeétès. Phrixos sacrifia alors le merveilleux animal à Zeus et pour remercier le roi de son bon accueil, lui offrit la Toison d'or. C'était un cadeau d'une valeur inestimable. Aeétès cloua la Toison contre un chêne sacré et posta un terrible dragon pour la garder. Ainsi, personne n'osa-t-il jamais la lui voler.

– Si je comprends bien, reprit Pélias, tu donnerais à celui qui voudrait prendre ta place une mission si difficile qu'il aurait toutes les chances de ne jamais revenir ? C'est une bonne idée, Jason, et je te remercie de me l'avoir donnée. Sache que je suis Pélias, ton oncle et le roi de cette ville. Puisque tu me réclames le trône, voici ma réponse : tu seras roi à ma place le jour où tu m'auras rapporté la Toison d'or. »

Et c'est ainsi que commença l'incroyable histoire de Jason et de la Toison d'or.

La Construction de l'Argo

Dès le lendemain, Jason envoya des messagers dans toute la Grèce, demandant des volontaires pour prendre la mer avec lui. Il commanda également à Argos, fils de Phrixos, qui était menuisier, un bateau de cinquante rameurs. Une fois le travail terminé, la déesse Athéna elle-même fixa dans la proue une poutre magique qui avait le don de parole. Et Argos décida de baptiser le navire de son nom : il l'appela Argo, qui signifie le Rapide.

Peu de temps après, de nombreux volontaires se présentèrent pour embarquer. Jamais on n'avait auparavant réuni un si brillant équipage. Les plus célèbres étaient Héraclès, qui avait interrompu ses douze travaux pour aider Jason ; Orphée, le poète, dont la voix charmait même les animaux féroces ; Tiphys, le pilote ; les deux fils de Borée, le dieu du Vent du Nord ; et Castor et Pollux, les deux frères champions de lutte.

Le soir venu, les Argonautes, car c'est ainsi qu'on les appela, désignèrent unanimement Jason comme leur chef et fêtèrent leur départ lors d'un grand banquet. Aux premières lueurs du jour, l'Argo quitta Iolcos pour, peut-être, ne jamais y revenir.

L'Île de Lemnos

Les Argonautes firent leur première étape sur l'île de Lemnos, dans le nord de la mer Égée. Sur la plage, plusieurs centaines de guerriers casqués attendaient les Argonautes, prêts à livrer bataille. Mais Jason ne voulait ni se battre ni piller l'île. Il envoya donc en ambassadeur son meilleur homme rassurer les habitants :

« Nous sommes venus en paix », leur dit-il.

Puis il invita ses compagnons à descendre à terre. Seul Héraclès demeura sur le navire pour le garder. Convaincus que tout danger était écarté, les guerriers de Lemnos posèrent leurs armes et retirèrent leurs armures. Et là, quelle surprise ! Sous les casques, les Argonautes découvrirent de longues chevelures ! Ils se regardèrent, très étonnés : était-ce une coutume pour ces hommes de porter les cheveux longs ? La réponse était plus simple : les guerriers de Lemnos étaient en fait des femmes.

Elles s'approchèrent des Argonautes et, après les avoir jaugés du regard, se décidèrent à les inviter.

La ville ne manquait de rien sauf d'hommes. Le soir venu, alors que tous prenaient leur repas, Jason demanda aux femmes où étaient leurs maris. L'une répondit qu'il était parti en voyage, une autre qu'il était mort à la guerre ; une autre encore affirmait qu'il avait disparu mystérieusement. Bref, chacune d'elles tentait de dissimuler de son mieux la terrible vérité : dans un accès de fureur et de jalousie, les femmes de Lemnos avaient assassiné leurs maris. Il faut bien expliquer cependant que les multiples infidélités de ceux-ci méritaient une sévère punition.

Mais quelle horreur et quel aveu difficile à faire ! Heureusement pour elles, ni Jason ni aucun de ses compagnons n'allèrent plus avant dans leur interrogatoire.

Plusieurs jours passèrent et les Argonautes commençaient à oublier leur grande mission, troublés par les charmes des femmes de Lemnos. Mais Héraclès, resté seul sur le bateau, s'impatientait. Ne voyant personne revenir au bout d'une semaine, il s'arma de sa massue et partit à la recherche de ses compagnons. Arrivé de bonne heure aux portes de la ville, il cogna avec sa massue et se montra si convaincant que les Argonautes s'empressèrent de quitter les femmes de Lemnos pour regagner le navire.

Restées sur la rive, celles-ci pleuraient le départ de leurs nouveaux compagnons. Mais, comparé à la cruauté dont elles avaient fait preuve à l'égard de leurs maris, ce n'était qu'une juste punition.

LE MARIAGE DU ROI CYZICOS

Quelques jours plus tard, les Argonautes pénétrèrent dans l'Hellespont, ce détroit qui sépare l'Europe de l'Asie, et débarquèrent sur une île appelée Cyzique. Tous les villages qu'ils traversèrent étaient en fête et le roi les accueillit à bras ouverts.

« Mes chers amis ! Vous ne pouviez pas choisir un meilleur jour pour débarquer. Ce soir, moi, Cyzicos, roi de cette île, j'épouse Clité, la plus adorable des jeunes filles. Voulez-vous vous joindre à nous et partager notre bonheur ? »

Les Argonautes acceptèrent avec joie et la fête dura toute la nuit. Après s'être reposé le jour suivant, ils reprirent la mer de nuit, non sans avoir reçu de leurs hôtes de nombreux cadeaux. Mais comme la lune était cachée par des nuages et qu'un vent mauvais secouait l'Argo en tous sens, Jason décida de débarquer sur la côte la plus proche et d'attendre là des conditions plus favorables. Ses compagnons allumèrent un grand feu et, enroulés dans leurs couvertures, s'apprêtèrent à dormir. Hélas ! À peine s'étaient-ils allongés que des bruits d'épées les réveillèrent. On les attaquait ! Debout, ils saisirent leurs armes et livrèrent un combat sans merci. Malgré la nuit et la fatigue, les Argonautes prirent l'avantage, et sous leurs coups tombèrent un à un leurs assaillants.

Enfin, le soleil apparut. Avant que le premier rayon n'eût éclairé son armure, Jason avait enfoncé son épée dans la poitrine de son dernier adversaire.

« Eh bien, lui dit Jason, puisque je n'ai pu te voir vivant, montre-moi au moins ton visage mort. »

Ayant dit cela, Jason retira le casque de son adversaire, mais le visage qu'il aperçut le glaça de terreur.

Ce visage que la nuit lui avait caché, c'était celui du bon roi Cyzicos. Les vents avaient ramené l'Argo d'où il était parti ! Rassemblant ses dernières forces, Cyzicos lui dit :

« Hélas, Jason, mon ami qui m'a tué, dans l'obscurité nous avons confondu votre bateau avec celui de pirates. Quelle erreur fatale ! Me voici tué le jour de mon mariage ! »

Il ne put ajouter un mot. Serrant la tête du roi contre sa poitrine, Jason pleura amèrement. Après trois jours de funérailles, l'Argo quitta définitivement l'île de Cyzique pour ne plus jamais y revenir.

La Disparition d'Hylas

Faisons un concours ! lança un matin Héraclès. Et récompensons le meilleur rameur d'entre nous !

– Hourra ! » s'exclamèrent les Argonautes.

Et tous se mirent à la rame.

Au bout de quelques heures, alors que l'Argo bondissait sur les vagues à la vitesse d'un oiseau, seuls Castor, Pollux, Jason et Héraclès continuaient de ramer... mais plus pour longtemps ! Comme Castor commençait à faiblir, Pollux lâcha sa rame pour ne pas obliger son frère à s'épuiser. Peu après, frappé par le soleil et assommé de fatigue, Jason s'évanouit. Héraclès avait-il gagné ? Non, car au même moment, sa rame cassa net. Difficile dans ces conditions de savoir qui avait remporté la course !

Héraclès était furieux et il profita de l'escale sur la côte de Mysie pour aller tailler une nouvelle rame dans un arbre. Quand il fut revenu sur le navire, personne n'osa lui adresser la parole parce qu'on le savait encore de méchante humeur.

« Hylas ! cria-t-il. Où donc est-il, ce serviteur de malheur ? Jamais là quand on a besoin de lui. »

Parti chercher de l'eau plusieurs heures auparavant, Hylas, le serviteur d'Héraclès, n'était pas réapparu. Personne ne savait où il se trouvait. Héraclès descendit à terre et pénétra dans la forêt qui bordait la côte en hurlant :

« Hylas ! Hylas ! »

Bientôt, il retrouva Polyphème, un autre Argonaute parti lui aussi à la recherche du jeune homme.

« J'ai entendu un cri près de cette mare, lui raconta-t-il, mais regarde toi-même : aucune trace de lutte avec un homme ou une bête. »

Deux jours plus tard, comme Héraclès ne s'était toujours pas décidé à revenir sur l'Argo, Jason choisit de repartir sans lui. Héraclès chercha encore plusieurs jours puis abandonna ses recherches pour poursuivre les Travaux qu'il devait accomplir. Jamais il ne sut la vérité.

Pour la connaître, il aurait fallu la demander aux Nymphes qui vivaient autour de la mare. Voici ce qu'elles auraient raconté.

Lorsqu'elles virent Hylas s'approcher, elles le trouvèrent de fort belle constitution.

« Bel étranger, lui dirent-elles, voudrais-tu visiter nos habitations dans le fond de cette mare ?

– Mesdames, répondit Hylas, non ! Je ne sais pas nager !

– Nager ? répondirent-elles. Mais quelle importance ? Cela te sera inutile si tu viens avec nous ! Nous te rendrons immortel ! »

Il n'en fallut pas plus pour convaincre Hylas.

Depuis, personne ne l'a jamais revu.

Amycos, le roi arrogant

Plus en avant dans la mer de Marmara régnait le roi Amycos.

« Amycos ? se dit Jason. Ce nom me plaît ! Je suis certain qu'il ne nous refusera ni eau ni vivres. »

Jason ne se trompait pas. Cependant le roi lui imposa une terrible condition : se battre contre lui au pugilat et remporter le combat. Or, Amycos était le meilleur pugiliste du monde et il provoquait systématiquement les étrangers.

« Et s'ils refusent ? lui demanda Jason que ces vantardises agaçaient.

– Ils meurent, répondit le roi. À moins qu'ils ne sachent voler comme les oiseaux, car je les précipite du haut d'une falaise.

– Et s'ils gagnent ?

– Ce n'est jamais arrivé. »

Jason trouva le roi prétentieux, arrogant et cruel. Il posait déjà la main sur son épée lorsque Pollux s'approcha pour se proposer comme adversaire. Les yeux d'Amycos se mirent à briller : Pollux était beaucoup moins grand que lui et plus vieux de quelques années. Il en viendrait facilement à bout. Les deux adversaires enfilèrent leurs gants. Ceux d'Amycos étaient garnis de clous de bronze.

Le combat commença mal pour Pollux. Il reçut d'abord un coup dans le nez, puis un autre dans le ventre : Amycos était sûr de gagner. Mais il se trompait. En réalité, Pollux observait son adversaire et comprit vite qu'il devait agir avec souplesse, esquiver ses coups et multiplier lui-même ses contres. Au bout d'une heure de combat, Amycos avait reçu tellement de coups qu'il dut se mettre à genoux et demander pitié. Il était vaincu. Pollux aurait pu le tuer, mais il lui laissa la vie sauve à la condition qu'il jure de ne plus jamais provoquer qui que ce soit.

Humilié par sa défaite, Amycos jura. Et il tint parole !

Phinée et les Harpyes

Après quelques jours passés sur la mer de Marmara, Jason dut se rendre à l'évidence : il ne savait plus du tout où chercher la Toison d'or. Heureusement, l'Argo avait fait escale sur la côte de Thrace. C'est là que vivait Phinée, un devin très réputé, frappé de cécité par Zeus pour avoir révélé aux hommes les secrets de leur avenir.

« Nous sommes sauvés », s'écria Jason.

Quand Phinée s'approcha des Argonautes, ceux-ci s'étonnèrent de le voir si maigre et fatigué.

« Mangeons ! », dit-il seulement.

On dressa la table mais lorsque les plats arrivèrent, Phinée ne fit pas un geste pour se servir. Les Argonautes se regardaient sans parler ni bouger.

« Vous avez faim ? leur demanda-t-il. Moi aussi, j'ai faim, je meurs de faim !

– Eh bien, cher Phinée, déclara Jason, mangeons ! Je t'en prie, sers-toi.

– Je voudrais bien, mais elles ne veulent pas !

– Elles ? Qui elles ? »

Pour toute réponse, Phinée désigna le ciel. À la verticale de la table, tournoyant comme des vautours, deux horribles Harpyes épiaient le devin. Dès qu'il avança la main pour se saisir d'un plat, elles se précipitèrent vers la table et, en un clin d'œil, dévorèrent tout ce que leurs dents et leurs griffes acérées pouvaient saisir.

« Voyez ces infâmes Harpyes, se lamentait Phinée, ces affreux rapaces à tête de femme : elles vont me faire mourir de faim !

– Non ! dirent les Argonautes. Regarde ! Ce plat est encore intact !

– Attendez ! Ce n'est pas terminé », soupira le devin.

Il n'avait pas fini de parler que les Harpyes lancèrent du ciel d'énormes crottes qui souillèrent le mets qui restait sur la table.

« Débarrassez-moi d'elles, supplia Phinée, et je vous dirai tout ce que vous voulez connaître. »

Par chance, il se trouvait parmi les Argonautes les deux fils de Borée, dotés chacun de deux ailes. Dès que les Harpyes prirent la fuite, ils se saisirent de leurs épées et volèrent aussitôt derrière elles. Les Harpyes n'avaient pas l'habitude d'être poursuivies. Aussi, les deux fils ailés de Borée les rattrapèrent-ils sans trop de difficultés.

« Pitié ! crièrent-elles, terrorisées.

– Nous vous épargnerons si vous jurez de ne plus jamais dévorer les plats de Phinée.

– Nous jurons !

– Il faut aussi jurer de ne plus jamais crotter sa table. »

Là les Harpyes hésitèrent quelque peu car c'était leur plaisir favori. Mais comme les deux frères levaient leurs armes, elles s'exécutèrent sans tarder.

Enfin débarrassé des Harpyes, Phinée commença par se faire servir un fabuleux repas et mangea comme quatre. Puis il indiqua à Jason comment trouver la Toison d'or.

Le lendemain, les Argonautes partirent en direction de la Colchide.

Les Roches Bleues

Phinée ne s'était pas contenté d'indiquer aux Argonautes l'emplacement précis de la Toison d'or, il les avait aussi prévenus des dangers qui les guettaient en chemin. Le premier, notamment, consistait en un chenal long et étroit, creusé entre deux hautes falaises qui avaient la particularité de se refermer au passage des bateaux. Ces falaises étaient appelées les Roches Bleues ou parfois aussi les Symplégades, c'est-à-dire « les Rochers-qui-se-heurtent ».

« Jamais nous ne pourrons passer, gémissaient les Argonautes. Nous allons tous mourir écrasés ! »

Pour toute réponse, Jason prit une colombe blanche et lui dit :

« Va, ma belle ! Si tu parviens à passer à travers ces falaises, alors nous y parviendrons aussi. »

La colombe s'envola. Quand les Roches Bleues se refermèrent, elle était déjà sortie du passage. Seule la plus longue plume de sa queue resta coincée.

« Allons-y ! » cria Jason.

Dire que les Argonautes étaient convaincus de pouvoir franchir le passage serait mentir. Quand l'Argo s'engouffra entre les falaises et que les rochers commencèrent à se resserrer en grinçant, la panique gagna l'équipage.

Heureusement, Orphée prit sa lyre et chanta pour donner du courage aux rameurs. Son chant était si beau que, oubliant leurs craintes, les Argonautes redoublèrent d'efforts.

Quand les Roches Bleues se refermèrent, l'Argo était sorti du passage. Enfin presque : comme la colombe avait laissé la plus longue de ses plumes, de même la décoration qui ornait l'arrière de l'Argo resta coincée entre les Roches.

Les Oiseaux aux ailes de métal

Après encore plusieurs jours de navigation, l'Argo aborda la petite île d'Arès, dieu de la guerre, autour de laquelle tournoyaient d'immenses bandes d'oiseaux. Ce n'étaient pas des oiseaux ordinaires. Dès qu'ils aperçurent le navire, ils lui lancèrent des plumes en métal très dur, et tranchantes comme des lames de rasoir.

Quelques hommes furent blessés, mais heureusement, le devin Phinée les avait prévenus de ce danger comme du précédent. Aussi, après avoir mis leurs casques, les Argonautes se scindèrent-ils en deux groupes : les uns ramaient tandis que les autres frappaient leurs boucliers avec leurs épées. Le vacarme ainsi obtenu était si terrible que les oiseaux prirent peur et s'éloignèrent pour ne plus revenir.

Désormais, l'Argo ne se trouvait plus très loin de sa destination. Le lendemain matin, les montagnes du Caucase qui dominent la Colchide se dressèrent devant les rameurs. Jason dissimula le navire dans une baie bien abritée, puis, après avoir offert du vin mélangé à du miel aux dieux du pays, il réunit un conseil de guerre.

Les Taureaux aux pieds d'airain

En habile négociateur, Jason avait décidé de demander la Toison d'or comme un service et de ne pas recourir à la force. Mais le roi Aeétès fut extrêmement contrarié par cette demande car il n'était pas du tout disposé à se séparer de sa Toison.

Finalement, comme tout le monde le suppliait d'écouter la requête de Jason, Aeétès déclara :

« Je te la donnerai, cette Toison. Mais pour être certain que tu es aussi brave que tu le prétends, tu devras réaliser un petit travail. Suis-moi. »

Aeétès amena Jason jusqu'à un champ entouré d'une haute et solide clôture. Derrière elle se tenaient deux énormes taureaux aux pieds d'airain, qui appartenaient à Héphaïstos, le dieu du feu. De leurs naseaux sortaient des flammes.

« Voici ta mission, dit Aeétès. Je te charge de mettre sous le joug ces deux taureaux, puis de labourer ce champ que tu vois et qui appartient à Arès. Ce n'est pas tout. Tu devras ensuite y semer ces dents de dragon.

– Dois-je m'exécuter sur l'heure ? demanda Jason, très embarrassé.

– Non, je ne suis pas un monstre. Je te laisse cette nuit pour te reposer. »

Dans ses appartements, Jason se lamentait : il n'avait aucune idée de la manière dont il devait s'y prendre. Fallait-il renoncer ? Fallait-il risquer de mourir pour cette Toison ? Soudain, on frappa à la porte. C'était Médée, la fille du roi.

« Excuse-moi de te déranger en pleine nuit, dit-elle, mais je peux t'aider.

– M'aider ? dit Jason en riant. Avec ces mains fines et ces bras délicats, tu voudrais t'attaquer à ces taureaux forts comme des lions ?

– Ne ris pas, Jason ! reprit-elle, très en colère. Sache que je suis magicienne et que j'ai là un flacon qui te sera d'une grande utilité.

– Magicienne ? Un flacon ? Ton discours m'intéresse, continue !

– Le flacon que voici contient un extrait de fleur magique qui te protégera des flammes des taureaux.

– Merci, Médée ! Tu es gentille ! Donne-moi donc ce flacon que tu serres contre toi.

– C'est qu'il y a une condition, répondit Médée en rougissant.

– Je vois, rien n'est jamais gratuit par ici. Que dois-je donc faire pour le mériter ? Tordre le cou à un monstre ? Couper la tête d'un géant ? Dis-moi quelle affreuse chose je dois faire encore !

– Cette chose que je te demande n'est pas si horrible que tu sembles le craindre : épouse-moi !

– Que tu deviennes ma femme ? Mais je ne te connais pas ! Nous nous sommes vus pour la première fois ce matin même !

– Oui, c'est vrai, mais je t'ai aimé dès le premier instant où je t'ai vu. Et je ne désire désormais qu'une seule chose, devenir ta femme. »

Jason accepta et jura devant les dieux de lui être fidèle toute sa vie.

Le lendemain, il enduisit son corps, sa lance et son bouclier avec le contenu du flacon et réussit sans trop de peine à mettre les taureaux sous le joug. Alors, toute la journée durant, il laboura le champ d'Arès. Le soir venu, il sema les dents de dragon qu'Aeétès lui avait données, mais là, une terrible surprise l'attendait.

Chaque dent semée donnait naissance à plusieurs hommes armés qui sortaient du sillon pour l'attaquer. Jason eut la judicieuse idée de se cacher, car en moins de temps qu'il n'en faut pour le dire, c'est toute une armée qui était sortie de terre.

De loin, il lança une pierre à la tête d'un soldat et aussitôt les hommes se livrèrent entre eux un combat sans merci, s'accusant réciproquement de l'avoir jetée.

Jason n'eut plus qu'à achever les blessés et c'est ainsi qu'il put retourner victorieux auprès du roi.

LA CONQUÊTE DE LA TOISON D'OR

Malgré son serment, Aeétès n'était cependant pas disposé à offrir la Toison à Jason. Il le menaça même de tuer tous ses hommes et de brûler l'Argo s'ils ne quittaient pas le pays sur l'heure. Furieux, Jason se retira dans ses appartements : il savait que les soldats du roi étaient trop nombreux pour espérer gagner une bataille.

« De quoi te soucies-tu ? lui demanda Médée. Ne suis-je pas ta femme maintenant ? Ne puis-je pas t'aider ? Écoute, je sais où est cachée la Toison. Allons la chercher ! Je m'occupe de déjouer l'attention du dragon qui veille sur elle jour et nuit.

– Ma pauvre Médée ! Tu n'es pas de taille à affronter un tel monstre ! Il est immortel et pèse aussi lourd que mon bateau !

– Aie confiance. Demande à tes hommes de préparer notre fuite et suis-moi. »

La Toison était cachée à quelques kilomètres de la ville. Médée commença par réciter quelques formules magiques puis, prenant des branches de genévriers fraîchement coupées, elle aspergea les paupières du dragon avec quelques gouttes de ce somnifère. Le dragon s'endormit aussitôt. Jason bondit alors jusqu'à la Toison,

la détacha du chêne sacré où elle était clouée puis, prenant Médée par la main, il se hâta vers l'Argo qui les attendait, chaque rameur à son poste. Quand Aeétès apprit que Jason était parti avec sa fille et la Toison, il envoya ses meilleurs hommes livrer bataille contre les Argonautes. Mais le navire réussit à quitter la grève sans trop de dommages et Médée soigna par sa magie les Argonautes qui avaient été blessés dans l'échauffourée.

La Mort du frère de Médée

Si les Argonautes avaient pu ainsi facilement échapper à l'armée d'Aeétès, c'est surtout parce que Médée avait eu recours à la plus ignoble des ruses. Comme son jeune frère avait réussi à la rejoindre près de l'Argo dans l'espoir de se sauver avec elle, elle l'attrapa, l'assomma et le découpa en petits morceaux qu'elle jeta à la mer dès que l'Argo eut levé l'ancre.

Quand Aeétès vit flotter sur l'eau les morceaux du corps de son fils, il ordonna à ses hommes d'interrompre la poursuite tant qu'ils n'auraient pas ramassé jusqu'au dernier de ces morceaux. Pendant ce temps, l'Argo en avait profité pour filer au loin.

Mais Zeus rentra dans une terrible colère à la vue d'un meurtre si affreux. Il lança sur l'Argo une tempête qui aurait pu l'engloutir si le bateau ne s'était pas soudain mis à parler. C'était la poutre magique qu'Athéna avait fixée dans la proue.

« Soldats ! leur dit la voix. C'est Zeus qui vous envoie cette tempête, pour le meurtre dont vous êtes tous responsables. La seule chose qui peut vous sauver est de vous laver de ce crime. Purifiez-vous et Zeus oubliera sa colère. »

Les Argonautes s'exécutèrent sans discuter. Ils se rendirent jusqu'à l'île d'Aéa où vivait la tante de Médée, Circé, la magicienne. Après avoir écouté sa nièce, elle accepta de purifier les Argonautes.

Ensuite, reprenant son périple, l'Argo traversa la mer des Sirènes. Personne ne pouvait rivaliser avec la beauté de leurs chants qui attiraient les marins au fond de l'eau. Personne sauf Orphée. Dès que les Sirènes se firent entendre, il prit sa lyre et chanta, chanta et chanta encore jusqu'à ce que l'Argo ait quitté leurs parages.

Après bien des détours, et alors qu'ils s'éloignaient de l'île de Corcyre, un terrible vent du Nord les entraîna vers la Libye. Là, une vague gigantesque souleva le bateau par-dessus les rochers de la côte si bien que, lorsqu'elle se retira, l'Argo se retrouva échoué sur le sable du désert. Comme il était impossible de regagner la mer à cause des rochers, les Argonautes hissèrent le navire sur leurs épaules et le portèrent jusqu'à un lac situé à plusieurs dizaines de kilomètres. Il leur fallut douze jours et beaucoup seraient morts de soif s'ils n'avaient trouvé une source en cours de route. C'était Héraclès qui l'avait fait jaillir lorsqu'il était allé chercher les Pommes d'or des Hespérides*. Par bonheur, le lac était relié par un chenal à la mer.

*Voir ***Les douze travaux d'Hercule***

Talos, le géant de métal

Remontant vers le nord, les Argonautes atteignirent la Crète où les attendait une terrible sentinelle appelée Talos, un géant de métal construit par Héphaïstos, le dieu forgeron. Infatigable, il faisait chaque jour trois fois le tour de l'île pour empêcher les étrangers d'y pénétrer et les habitants d'en sortir sans l'autorisation du roi. Ses armes favorites étaient d'énormes pierres qu'il lançait du haut des falaises sur les navires. Et si jamais un étranger parvenait tout de même à débarquer sur l'île, Talos sautait dans un immense feu, portait au rouge son corps fait de métal et brûlait ses ennemis en les serrant contre sa poitrine.

Talos avait un point faible cependant. Au niveau de la cheville, sous sa peau métallique, se trouvait une veine. Si cette veine venait à s'ouvrir, Talos mourrait.

Lorsque, au loin, ils aperçurent l'énorme silhouette, les Argonautes projetèrent de débarquer sur l'île et de trancher à l'épée la veine du géant de métal. Mais la pensée de mourir écrasé par un rocher ou grillé sur le corps de Talos les faisait hésiter.

« S'approcher de ce monstre, dit Médée, c'est mourir. Voyez comment je vais nous en débarrasser à distance. »

Elle prononça alors des paroles magiques accompagnées de gestes mystérieux dans la direction de Talos. Instantanément, le géant fut frappé de visions. Il lâcha les rochers qu'il tenait dans ses bras et, comme s'il était attaqué par des milliers d'abeilles, se mit à tourner dans tous les sens en hurlant. Que vit-il en réalité ? Personne ne le sut jamais. Toujours est-il qu'à force de se défendre contre des ennemis invisibles, Talos se cogna contre un rocher qui lui déchira la cheville. En moins de temps qu'il n'en faut pour le dire, tout son sang s'échappa par sa veine déchiquetée et, quand les Argonautes abordèrent le rivage de l'île, il était mort.

Le retour à Iolcos

Une nuit, alors que l'Argo glissait sur la mer de Crète, le ciel s'assombrit si fortement qu'il devint impossible de continuer sans risquer de heurter un rocher. Plein d'angoisse, Jason supplia Apollon, le dieu de la lumière, de bien vouloir leur montrer la voie.

Alors celui-ci, qui voulait récompenser les Argonautes pour leur courage, lança du haut du ciel un trait de lumière étincelant qui éclaira une petite île, tout à côté de l'Argo. Là, les guerriers attendirent le lever du jour avant de continuer leur route vers leur patrie. Quand, à la tombée du jour suivant, le navire aborda les côtes de la Thessalie, le voyage de Jason et des Argonautes prenait fin. Mais pas pour autant leurs aventures.

Averti par un pressentiment, Jason questionna un marin d'Iolcos avant de présenter la Toison d'or au roi Pélias.

« Jason ! répondit le marin. Tout le monde te croyait mort ! Aussi le roi a-t-il fait tuer tes parents. Et si tu franchis les portes de la ville, il te fera tuer aussi ! »

Jason réunit tous ses soldats autour de lui et tint un conseil de guerre. Tous étaient d'avis que Pélias méritait la mort. Mais les Argonautes, épuisés par leur longue quête, n'avaient ni le courage ni la force d'assiéger une ville en armes. Il fallait retourner chez soi, constituer une nouvelle armée et attaquer la ville. Médée prit la parole :

« Je prendrai la ville, dit-elle. Et je la prendrai seule. »

Comme les Argonautes se regardaient sans savoir que dire, elle ajouta :

« Cachez-vous sur une plage d'où vous verrez Iolcos. Lorsque vous apercevrez sur le toit du palais une torche allumée, cela signifiera que le roi est mort. Alors j'ouvrirai les portes de la ville et vous pourrez y pénétrer. »

La Mort de Pélias

Une fois le soir tombé, la magicienne prit avec elle une statue creuse d'Artémis, la déesse de la chasse, et douze esclaves. Elle habilla ces derniers d'une manière étrange et se transforma elle-même en vieille femme. Arrivée aux portes de la ville, elle dit d'une voix chevrotante :

« Je suis envoyée par Artémis pour apporter à votre ville la richesse et la chance. Au nom de la déesse, ouvrez ces portes. »

Les gardes n'osèrent pas désobéir et s'exécutèrent. Médée entra alors et se mit à danser frénétiquement avec ses esclaves, entraînant avec elle tous les habitants de la ville. Effrayé par le tumulte, Pélias appela Médée dans son palais pour la questionner.

« J'ai le pouvoir de rajeunir ce qui est vieux », lui dit-elle.

Et pour convaincre le roi qui doutait de ses paroles, elle redevint sous ses yeux la jeune femme qu'elle était.

« Ton pouvoir est grand, dit le roi, et je voudrais bien moi aussi redevenir le jeune homme que j'étais autrefois. Mais je veux d'abord voir de quelle manière tu procéderais pour me rendre ma jeunesse.

– Eh bien, roi incrédule, amène-moi un vieux bélier et tu verras comment j'en ferai une jeune bête. »

Le roi ordonna donc d'apporter un bélier que Médée fit découper en morceaux puis bouillir dans une marmite. Quand l'eau redevint froide, elle en sortit un jeune bélier. En réalité, Médée avait caché le jeune animal dans la statue creuse d'Artémis. Le roi se laissa tromper par cette ruse.

« Faites tout ce que cette magicienne vous commandera », dit-il à ses enfants.

Et c'est ainsi que, après avoir endormi Pélias, Médée exigea qu'ils découpent le roi en morceaux, comme elle l'avait fait pour le bélier. Puis elle leur demanda de monter sur le toit du palais, d'y allumer des torches et de prier la lune.

Pendant qu'ils exécutaient ses ordres, Médée ouvrit les portes de la ville. Les Argonautes, qui avaient vu le signal convenu, se précipitèrent dans Iolcos où ils ne rencontrèrent aucune résistance.

Au terme d'un voyage de plusieurs mois, Jason et les Argonautes étaient enfin revenus de leur mission avec la Toison d'or. Jason pouvait légitimement devenir le roi d'Iolcos. Mais pendant tout ce temps, il avait découvert d'autres pays et d'autres villes plus grandes et plus belles. Et lorsque Médée, qui était la seule héritière du royaume de Corinthe dont son père Aeétès était originaire, lui proposa d'en devenir le roi, Jason n'hésita pas une seule seconde. Dès le lendemain, il repartit vers Corinthe où il régna de nombreuses années dans la prospérité et le bonheur, au côté de son épouse.

COLCHIDE
Roches
Bleues
Île d'Arès
Cyzique
MER
DE MARMARA
Île d'Aéa
Lemnos
Iolcos
Île
de Corcyre
MER
ÉGÉE
MER
DES SIRÈNES
Corinthe
CRÈTE
LIBYE

Index

TABLE DES MATIÈRES

LES DOUZE TRAVAUX D'HERCULE

LE VOYAGE D'ULYSSE

ICARE ET DÉDALE

THÉSÉE ET LE MINOTAURE

JASON ET LA TOISON D'OR

58 rue Jean Bleuzen - CS70007.
92178 Vanves Cedex.
ISBN : 978-2-01-394255-3.
Dépôt légal : septembre 2013 – édition 02.
Achevé d'imprimer en fevrier 2016.
Loi n°49-956 du 16 juillet 1949 sur les publications destinées à la jeunesse.
Imprimé par Estella Graficas en Espagne.